Strafrecht der Berufsgenossenschaften

nach den

Unfallversicherungsgesetzen

vom 30. Juni 1900.

Unter Benutzung amtlichen Materials

zum praktischen Gebrauche

dargestellt von

Dr. Ludwig Laß,
Kaiserlichem Regierungsrath,
ständigem Mitgliede des Reichs-Versicherungsamts.

Berlin 1901.
J. Guttentag, Verlagsbuchhandlung,
G. m. b. H.

Vorwort.

Durch das Gesetz, betreffend die Abänderung der Unfallversicherungsgesetze, vom 30. Juni 1900 und die auf Grund desselben in neuer Fassung bekannt gemachten vier Unfallversicherungsgesetze sind die Strafbefugnisse der Berufsgenossenschaften gegenüber dem bisherigen Rechte nicht unerheblich geändert. Ferner ist die Entscheidung über das Rechtsmittel der Beschwerde gegen den größten Theil der Straffestsetzungen anderen Behörden an Stelle des bisher hierfür zuständigen Reichs-Versicherungsamts und der Landes-Versicherungsämter*) übertragen worden. Die neuen Vorschriften sind mit dem 1. Oktober 1900 in Kraft getreten.

Zum Verständniß der Strafvorschriften ist die Kenntniß derjenigen Bestimmungen, welche die Pflichten regeln, deren Verletzung sie mit Strafe bedrohen, und die Stellungnahme, welche die Praxis diesen Vorschriften gegenüber eingenommen hat, unerläßlich. Die neu berufenen Behörden der Beschwerdeinstanz haben meistens bisher keinen Anlaß gehabt, sich mit dem hier in Rede stehenden Rechtsgebiete genauer vertraut zu machen. Aber auch die Organe der Berufsgenossenschaften und die ihnen oder ihren Versicherungsanstalten zugehörigen Unternehmer müssen sich über Sinn und Tragweite der neuen Vorschriften in kurz

*) Einige Bundesstaaten haben die Entscheidung ihren Landes-Versicherungsämtern wieder übertragen (zu vergl. unten §. 23).

bemessener Frist klar werden. Hier durch eine Sonderdarstellung des Strafrechts der Berufsgenossenschaften das Verständniß der neuen Vorschriften den Betheiligten zu erleichtern, wird einem praktischen Bedürfniß entsprechen.

Die Berufsgenossenschaften wie die Unternehmer haben ein berechtigtes Interesse daran, die Einheitlichkeit der Behandlung und Entscheidung in Strafbeschwerdesachen auch in Zukunft erhalten zu sehen, wo über den递Haupttheil dieser Beschwerden an Stelle des Reichs-Versicherungsamts und der Landes-Versicherungsämter zahlreiche andere Behörden zu befinden haben werden. Auch wird es für die neu berufenen Behörden von Werth sein, die Grundsätze kennen zu lernen, welche in langjähriger Praxis auf diesem Gebiete, sowohl was das materielle Recht, als auch was das Verfahren anlangt, beobachtet worden sind und sich bewährt haben. Auf diese Weise wird denn auch der Wunsch erfüllt, daß die Kenntniß und Erfahrung, welche das Reichs-Versicherungsamt als die zur Auslegung der Unfallversicherungsgesetze in erster Linie berufene Behörde auf dem Gebiete des berufsgenossenschaftlichen Strafrechts gesammelt hat, nicht unbenutzt, sondern auch für die Zukunft zum Vortheil aller Betheiligten fruchtbringend bleibe.

Zum Schlusse sei bemerkt, daß die vorliegende Schrift, obgleich hierbei amtliches Material benutzt worden ist, lediglich die Bedeutung einer privaten Veröffentlichung für sich in Anspruch nimmt.

Berlin, November 1900.

Ludwig Laß.

Inhaltsübersicht.

---

2. Theil.

Das Verfahren.

3. Kapitel.

Das Verfahren in der Genossenschaftsinstanz.

4. Kapitel.

Das Verfahren in der Beschwerdeinstanz.

5. Kapitel.

Die Strafvollstreckung.

Anhang.

Abkürzungen.

A.N. = Amtliche Nachrichten des Reichs-Versicherungsamts.

B.U.V.G. = Bau-Unfallversicherungsgesetz vom 30. Juni 1900.

Besch. = Bescheid oder Beschluß.

B.G. = Berufsgenossenschaft.

B.G.B. = Bürgerliches Gesetzbuch.

C.P.O. = Civilprozeßordnung in der Fassung des Gesetzes vom 17. Mai 1898.

G.U.V.G. = Gewerbe-Unfallversicherungsgesetz vom 30. Juni 1900.

G.V. = Genossenschaftsvorstand.

Handbuch = Handbuch der Unfallversicherung: Die Reichs-Unfallversicherungsgesetze, dargestellt von Mitgliedern des Reichs-Versicherungsamts nach den Akten dieser Behörde. 2. Auflage Breitkopf & Härtel, Leipzig 1897.

H.G. = Haupt-Gesetz (Gesetz, betreffend die Abänderung der Unfallversicherungsgesetze, vom 30. Juni 1900).

J.V.G. = Invalidenversicherungsgesetz vom 13. Juli 1899.

K.V.G. = Krankenversicherungsgesetz vom $\frac{\text{15. Juni 1883}}{\text{10. April 1892}}$.

L.U.V.G. = Unfallversicherungsgesetz für Land- und Forstwirthschaft vom 30. Juni 1900.

L.V.A = Landes-Versicherungsamt.

Pl.Beschl. = Plenar-Beschluß des Reichs-Versicherungsamts.

R.Anz. = Reichsanzeiger.

R.E. = Rekursentscheidung des Reichs-Versicherungsamts.

R.V.A. = Reichs-Versicherungsamt.

S.U.V.G. = See-Unfallversicherungsgesetz vom 30. Juni 1900.

St.G.B. = Strafgesetzbuch für das Deutsche Reich.

St.P.O. = Strafprozeßordnung.

U.V. = Unfallversicherung.

U.V.G. = Unfallversicherungsgesetz.

Vf. = Verfügung.

Einleitung.

Nach dem in dem Vorworte bezeichneten Zwecke bilden den Gegenstand der nachfolgenden Erörterungen diejenigen Rechtsnormen, welche sich auf das Strafrecht der Berufsgenossenschaften einschließlich des Verfahrens beziehen, soweit die Entscheidung in der Beschwerdeinstanz von dem Reichs-Versicherungsamt bezw. den Landes-Versicherungsämtern auf andere von den Landes-Zentralbehörden bestimmte Behörden übergegangen ist.

Demzufolge sind von der Darstellung ausgeschlossen diejenigen Strafrechtsnormen, welche zur Anwendung gebracht werden:

1. von den unteren Verwaltungsbehörden (Seemannsämtern) (zu vergl. §. 35 Abs. 3, §. 56 Abs. 2, §. 119 Abs. 3 G.U.V.G., §. 126 Abs. 3 L.U.V.G., §. 123 Abs. 4 S.U.V.G.);
2. von den Gemeindebehörden oder sonstigen von den Landes-Zentralbehörden bestimmten Behörden (zu vergl. §. 56 Abs. 2 L.U.V.G., §. 24 Abs. 2 B.U.V.G.);
3. von den Krankenkassen oder Ortspolizeibehörden oder Seemannsämtern (zu vergl. §. 112 Abs. 1 Ziff. 2 und §. 116 G.U.V.G., §. 120 Abs. 1 Ziff. 2 und §. 124 L.U.V.G., §. 118 Abs. 3 und §. 122 S.U.V.G.);
4. von den Schiedsgerichtsvorsitzenden (zu vergl. §. 3 H.G. in Verbindung mit §. 104 Abs. 5 und §. 90 Abs. 2 J.V.G.);
5. von dem Reichs-Versicherungsamt oder den Landes-Versicherungsämtern (zu vergl. §. 125 Abs. 3, §§. 126, 127 G.U.V.G., §. 131 Abs. 3, §§. 132, 133 L.U.V.G., §. 127 Abs. 3, §. 128 S.U.V.G.);

6. von den ordentlichen Gerichten (zu vergl. §§. 45 104 Abs. 3, §§. 141, 150 und 151 G.U.V.G., §§. 47, 152, 160 und 161 L.U.V.G., §§. 45, 139 S.U.V.G.);
7. ferner sind diejenigen von den Genossenschaftsvorständen anzuwendenden Strafrechtsnormen ausgeschlossen, bezüglich welcher das R.V.A. und die L.V.-Aemter kraft Reichsgesetzes zur Entscheidung über das Rechtsmittel der Beschwerde zuständig bleiben (zu vergl. §§. 112, 116, 124, 127 Abs. 1, §. 149 G.U.V.G., §§. 120, 124, 130, 133, 159 L.U.V.G., §. 40 B.U.V.G., §§. 118, 122, 126, 147 S.U.V.G.).

Dagegen sind bei der Darstellung nicht nur die in den Gesetzen, sondern auch die in den Statuten der Berufsgenossenschaften enthaltenen Rechtsnormen berücksichtigt worden, soweit sie in den Rahmen der gestellten Aufgabe fallen.

Der erste Theil der Schrift behandelt das materielle Recht, und zwar sind im 1. Kapitel die allgemeinen Rechtsgrundsätze und im 2. Kapitel die einzelnen strafbaren Handlungen erörtert worden.

Der zweite Theil befaßt sich mit dem Verfahren, und zwar enthält das 3. Kapitel das Verfahren in der Genossenschaftsinstanz, das 4. Kapitel das Verfahren in der Beschwerdeinstanz und das 5. Kapitel das Verfahren bei der Strafvollstreckung.

In einem Anhange sind die gesetzlichen Bestimmungen, die wichtigsten von dem Reichs-Versicherungsamt auf dem Gebiete des berufsgenossenschaftlichen Strafrechts erlassenen Rundschreiben und die bei dem Reichs-Versicherungsamt auf diesem Gebiete im Gebrauche gewesenen Formulare mitgetheilt.

1. Theil.

Das materielle Recht.

1. Kapitel.

Allgemeiner Theil.

§. 1.

Der rechtliche Charakter der Strafen.

I. Die Strafen, mit welchen wir es hier zu thun haben, sind zwar nicht staatliche Strafen, aber doch wirkliche Strafen, Strafen im eigentlichen Sinne. Diese Auffassung entsprach schon dem früheren Recht, obwohl hier an den maßgebenden Stellen (§§. 103, 104 U.V.G., §§. 123, 124 L.U.V.G., §§. 117, 118 S.U.V.G.) von „Ordnungsstrafen" die Rede ist. In den neueren U.V.Gn. ist die Bezeichnung dieser Strafen als Ordnungsstrafen beseitigt und überall durch den Ausdruck „Geldstrafe" ersetzt. Der Grund hierfür war ausweislich der Begründung zu §. 103 des Entwurfs (S. 120) der, daß der Begriff Ordnungsstrafe keine allgemeine feststehende Bedeutung habe.

II. Obwohl die Strafen, welche von den Vorständen der B.Gn. festgesetzt werden können, eigentliche Strafen sind, so nehmen sie doch im System des Strafrechts eine selbständige Stellung ein. Sie unterscheiden sich:

1. von den kriminellen Strafen, wie sie namentlich im St.G.B. enthalten sind, dadurch:

a) daß sie nicht von dem Staate als dem Inhaber der öffentlichen Zwangsgewalt durch seine Organe der Strafrechtspflege, sondern von den B.Gn. durch ihre Organe verhängt werden;

b) daß die Strafen nicht in erster Linie zum Schutze allgemeiner öffentlicher Interessen, sondern zum Schutze besonderer Interessen, nämlich zum Schutze einer geordneten Verwaltung auf dem Gebiete des öffentlichen Arbeiter-Versicherungswesens, dienen;

c) daß die Strafen von dem Inhaber der Strafgewalt im Einzelfalle verhängt werden können, aber nicht verhängt zu werden brauchen, wenn der Thatbestand gegeben ist, an dessen Vorhandensein das Gesetz oder die berufsgenossenschaftlichen Satzungen die Strafe knüpfen (Strafbefugniß, nicht Strafpflicht). Dem Inhaber der Strafgewalt ist also die Befugniß eingeräumt, die Anwendung der Strafgewalt von dem Umstand abhängig zu machen, ob die Bestrafung nach seinem Ermessen nach Lage der Verhältnisse angebracht ist oder nicht. Es gilt also hier das sog. Opportunitätsprinzip, während auf dem Gebiete des allgemeinen öffentlichen Strafrechts das sog. Legalitätsprinzip in Geltung ist, wonach — von einzelnen Ausnahmen abgesehen — die Strafgewalt wegen aller gerichtlich strafbaren und verfolgbaren Handlungen einzuschreiten verpflichtet ist (zu vergl. §. 152 Abs. 2 St.P.O.);

2. von den mannigfach in den Arbeiter-Versicherungsgesetzen enthaltenen sog. Executiv- (Vollstreckungs-, Zwangs-) strafen dadurch, daß sie nicht unmittelbar zu dem Zwecke gegeben sind, um den Bestraften zur Vornahme oder zur Unterlassung einer bestimmten Handlung zu zwingen. Es gelten daher für sie auch nicht diejenigen Grundsätze, welche die rechtliche Natur der Executivstrafe kennzeichnen, nämlich:

a) daß der Vollziehung der Strafe in jedem Einzelfalle eine Strafandrohung vorhergehen muß (Besch. 590, A.N. 1888 S. 302);

b) daß die Bestrafung so lange wiederholt werden kann bis der erwünschte Erfolg eintritt (Unanwendbarkeit des Grundsatzes: „Ne bis in idem“);

c) daß die Strafandrohung nicht mehr zulässig ist, wenn die Erreichung des zu erzwingenden Zweckes nicht mehr möglich, oder wenn der Zweck, wenn auch verspätet, erreicht ist.

Der unmittelbare Zweck der hier zu erörternden Strafen ist, wie der Zweck der allgemeinen kriminellen Strafe, Vergeltung für ein unzulässiges Verhalten;

3. von den Conventional- (Vertrags-) strafen dadurch:

a) daß es sich hier nicht um einen Vertrag, eine freiwillige Unterwerfung der Genossenschaftsmitglieder unter die Strafbestimmungen handelt;

b) daß die Strafe nicht auf Grund eines unter Gleichberechtigten abgeschlossenen Vertrages gefordert, sondern von einer mit Strafgewalt ausgerüsteten übergeordneten Macht verhängt wird;

c) daß sich die genossenschaftlichen Strafen nicht nur gegen die Genossenschaftsmitglieder, sondern auch gegen außerhalb der Genossenschaft stehende Personen (z. B. Betriebsleiter, denen die Unfallanzeige obliegt, Regiebau-Unternehmer, selbstversicherte Kleinmeister, Schiffsführer) richten.

Ueber die Verpflichtung zur Zahlung von Conventionalstrafen entscheiden die bürgerlichen Gerichte. Diese Strafen können nicht einmal als Strafen im eigentlichen Sinne gelten.

III. Aus dieser eigenartigen Natur der berufsgenossenschaftlichen Strafen (autonomen, Verbandsstrafen) und ihrer Verschiedenheit von den allgemeinen staatlichen Strafen ergiebt sich die praktisch wichtige Folge, daß sie unter eigenen Regeln stehen, daß also

1. die allgemeinen Vorschriften des Reichs-Strafgesetzbuchs (z. B. die Lehren von der Umwandlung nicht beitreibbarer Geldstrafen in Freiheitsstrafen, von dem Mindestbetrage der Strafe, der Eintheilung der strafbaren Handlungen in Verbrechen, Vergehen und Uebertretungen, die Lehren vom Versuch, von der Thäterschaft, Anstiftung, Bei-

hilfe, der Strafverfolgungs- und -Vollstreckungsverjährung rc.), sowie

2. die Vorschriften der Reichs-Strafprozeßordnung

auf die in Rede stehenden Strafen keine unmittelbare Anwendung zu finden haben. Eine entsprechende Anwendung dieser Grundsätze zum Zwecke des Ausbaues des materiellen Rechts und des Verfahrens durch die Praxis ist dagegen in gewissen Grenzen nicht ausgeschlossen. Auf diesen Standpunkt hat sich auch die bisherige Rechtsprechung gestellt und zwar ohne einen Unterschied zu machen, ob im Einzelnen die Strafbefugniß der Genossenschaftsvorstände auf eine Verleihung seitens des Staates zurückzuführen oder ein Ausfluß der berufsgenossenschaftlichen Autonomie ist (Handbuch Anm. 1 und 3 zu §. 103 U.V.G.).

§. 2.

Die mit Strafe bedrohten Personen.

I. Nicht alle Personen, welche sich an der Begehung einer Zuwiderhandlung betheiligt haben, unterliegen den Strafvorschriften der U.V.Ge., sondern nur die in den Gesetzen oder den Statuten ausdrücklich bezeichneten Personen (Betriebsunternehmer, die zur Unfallanzeige Verpflichteten, die gesetzlichen Vertreter handlungsunfähiger Unternehmer, Vorstandsmitglieder von Aktiengesellschaften, Innungen, eingetragenen Genossenschaften, Liquidatoren von Handelsgesellschaften, Innungen und eingetragenen Genossenschaften, Mitrheder, Korrespondentrheder, Bevollmächtigte, Schiffsführer rc.). Eine Bestrafung der Theilnehmer an der That eines Anderen (Anstifter, Gehilfen) als solcher kennen die Gesetze nicht. So sind nicht selten gerade diejenigen Personen der Bestrafung entzogen, die wesentlich bei der strafbaren Handlung mitgewirkt haben, z. B. die Betriebsbeamten oder dritte Personen, die entweder in Folge ihrer Stellung im Betriebe oder im ausdrücklichen Auftrage des Unternehmers, Nachweisungen und Angaben gemacht haben, die sich als unrichtig erweisen. Dagegen sind in solchen Fällen die Unternehmer der Regel nach für die Handlungen dieser Personen einzutreten verpflichtet. So übernimmt der Unternehmer mit der bloßen Unterzeichnung der von ihm geforderten Nachweisungen und Angaben die Verantwortung und unterliegt schon deshalb den Strafvorschriften.

II. Die Strafvorschriften sind nicht gegen Betriebe als solche gerichtet. Hiernach ist es unzulässig, die Rechtsnachfolger wegen der Zuwiderhandlungen ihrer Rechtsvorgänger in Strafe zu nehmen. Dies gilt sowohl von der Rechtsnachfolge unter Lebenden wie von Todeswegen (Besch. 780, A.N. 1890 S. 120). Es kann von dem Rechtsnachfolger — z. B. dem Käufer eines Fabrikunternehmens — nicht gefordert werden, bei Uebernahme des Betriebs eingehende Ermittelungen darüber anzustellen, ob sein Vorgänger allen ihm während seiner Besitzzeit der B.G. gegenüber obliegenden Verpflichtungen nachgekommen sei (z. B. ob er seiner Zeit den Betrieb angemeldet habe). Anders ist die Sache zu beurtheilen, wenn z. B. die Verpflichtung zur Anmeldung eines kurz vor dem Rechtsübergange vorgekommenen Unfalls dem Rechtsnachfolger als eigene Verpflichtung obliegt. In diesem Falle ist die Strafbefugniß gegeben.

Zu unterscheiden hiervon ist ferner die Frage, ob eine festgesetzte Strafe in den Nachlaß oder gegenüber den Rechtsnachfolgern des Bestraften vollstreckt werden kann. Hierüber vergl. unten §. 28 IV Ziff. 5.

III. Eine Strafbefugniß ist dem Genossenschaftsvorstande nur gegen diejenigen Unternehmer gegeben, denen die nicht erfüllte Verpflichtung gegen die B.G. obliegt. Kommt z. B. die Ehefrau als „Bauherr" in Betracht, so kann nur diese zur Bestrafung herangezogen werden, eine Bestrafung ihres Ehemannes ist unzulässig (Bf. v. 29. 3. 1900 I. 6551). Handelt es sich um eine Zuwiderhandlung gegen eine Verpflichtung, welche die Zugehörigkeit des Betriebs zu einer bestimmten B.G. voraussetzt (z. B. die Einreichung der Lohnnachweisungen, die Anmeldung von Betriebsveränderungen, Betriebseinstellungen 2c.), so kann sich die Strafbefugniß nur gegen solche Genossenschaftsmitglieder richten, welche in dem Kataster der betreffenden B.G. eingetragen sind. Gehört der Unternehmer, ohne formell in dem Kataster eingetragen zu sein, sachlich der B.G. an, so kommt in diesen Fällen nur eine Bestrafung wegen Nichtanmeldung des Betriebs in Frage — zu vergl. unten §. 4 zu III (Besch. 653 u. 662, A.N. 1889 S. 119 u. 140). Besteht in diesen Fällen über die Mitgliedschaft des Unternehmers zu einer B.G. begründeter Zweifel, so ist ein Strafverfahren nicht am Platze, vielmehr wird in solchen Fällen die Entscheidung der zweifelhaften Katasterfragen in dem gesetzlich vorgeschriebenen Wege zu erfolgen haben. Der gleiche Grundsatz gilt, wenn die Frage der Versicherungspflichtigkeit von Personen oder Personengruppen, die in der Gehalts- und Lohnnachweisung angeblich zu Unrecht nicht oder nicht richtig aufgeführt worden sind, wirklich zweifelhaft ist. In diesem Falle wird eine Bestrafung auch schon wegen des Mangels eines strafbaren Verschuldens ausgeschlossen sein (Handbuch Anm. 5 u. 9 zu §. 103 u. Anm. 2 zu §. 104 U.V.G.).

IV. Die Strafvorschriften finden bei handlungsunfähigen Betriebsunternehmern auch Anwendung gegen deren gesetzliche Vertreter (§. 148 G.U.V.G., §. 158 L.U.V.G., §. 45 Abs. 2 B.U.V.G., §. 145 Abs. 2 S.U.V.G.). Ob minderjährige Unternehmer ohne jeden Unterschied, namentlich solche, welche zum selbständigen Betriebe des Unternehmens ermächtigt und insoweit unbeschränkt geschäftsfähig sind (zu vergl. §. 112 B.G.B.), von der Bestrafung ausgeschlossen werden müssen oder auch den Strafvorschriften unterliegen, ist zweifelhaft, dürfte aber im Sinne der zweiten Alternative zu beantworten sein. Eine Entscheidung des R.V.A. über diese Frage liegt — soweit ermittelt werden konnte — nicht vor. Eine Bestrafung des Minderjährigen ist indessen nur dann möglich, wenn er die strafrechtliche Handlungsfähigkeit (sog. Zurechnungsfähigkeit), d. h. die Fähigkeit, strafrechtlich verantwortlich gemacht zu werden, besitzt. Ohne diese Art Handlungsfähigkeit ist eine Schuld undenkbar und schon aus diesem Grunde die Bestrafung ausgeschlossen (zu vergl. unten §. 3 zu II).

Als gesetzliche Vertreter kommen namentlich in Betracht die Inhaber der elterlichen Gewalt und die Vormünder (Pfleger). Nicht gehören hierher diejenigen Personen, welche den Unternehmer lediglich kraft Privatwillkür vertreten, z. B. der Prokurist, die Betriebsleiter und die sonstigen Betriebsbeamten. Wohl aber sind hierher zu rechnen der Konkursverwalter und der Zwangsverwalter. Bezüglich der Eröffnung des Konkurses über das Vermögen eines Unternehmers sind hinsichtlich der Verhängung von Strafen folgende Rechtsgrundsätze hervorzuheben: Hat sich der Unternehmer vor der Konkurseröffnung einer Zuwiderhandlung schuldig gemacht, so ist die Verhängung der Strafe gegen ihn auch noch zu einer Zeit zulässig, in welcher das Konkursverfahren bereits schwebt. In einem solchen Falle ist es nicht etwa zulässig, den Konkursverwalter für das Vergehen des Gemeinschuldners haftbar zu machen (Handbuch Anm. 5 u. 6 zu §. 103 u. Anm. 2 zu §. 105 U.V.G.). Der Konkursverwalter haftet als Vertreter des Gemeinschuldners nur für Zuwiderhandlungen gegen diejenigen Verpflichtungen, welche in der Zeit seiner Vertretung zu erfüllen sind, und für die er verantwortlich ist. Läuft z. B. zur Zeit der Konkurseröffnung noch die Frist zur Einreichung der Gehalts- und Lohnnachweisung oder zur Anzeige eines Unfalls, so ist der Konkursverwalter für die Erfüllung dieser Verpflichtung haftbar. Wird dagegen der Betrieb vor der Konkurseröffnung eingestellt, also vom Konkursverwalter nicht fortgeführt, so hat der letztere mit dem Betriebe nichts mehr zu thun, er ist deshalb auch nicht verpflichtet, demnächst die Gehalts- und Lohnnachweisung einzureichen. Für die Erfüllung dieser Pflicht bleibt vielmehr der frühere Betriebsunternehmer — d. i. der Gemeinschuldner — verantwortlich (Bf. v. 11. 10. 1897 I. 25603 u. v. 31. 1. 1898 I. 2355).

Was von dem Konkursverwalter gesagt ist, gilt auch von dem Zwangsverwalter, welcher als gesetzlicher Vertreter des Unternehmers gilt, falls über dessen Vermögen die Zwangsverwaltung eingeleitet worden ist (Handbuch Anm. 3 zu §. 105 U.V.G.).

V. **Juristische Personen** (rechtsfähige Vereine, Stiftungen, Fiskus, Gemeinde, sonstige öffentlich-rechtliche Körperschaften) als solche können nicht in Strafe genommen werden. Es ist hiernach nicht zulässig, eine Straffestsetzung z. B. gegen eine Gemeinde, welche die Einreichung von Regiebau-Nachweisungen versäumt hat, zu richten. In einem solchen Falle ist es nur möglich, die gesetzlichen Vertreter zur Bestrafung heranzuziehen (Bf. v. 6. 8. 1897 I. 1343). Ebenso ist es gesetzlich unzulässig, eine Straffestsetzung — wie dies zuweilen geschehen ist — an die „Gutsverwaltung" zu richten. Die Gutsverwaltung stellt weder eine bestimmte Einzelperson noch eine juristische Person vor und kann daher nicht in Strafe genommen werden (Bf. v. 1. 4. 1897 I. 7701). Dagegen ist es in der Praxis zugelassen worden, Strafen gegen kollegial zusammengesetzte Behörden (Magistrat, Kreisausschuß 2c.) als gesetzliche Vertreter eines versicherungspflichtigen Unternehmens festzusetzen (Handbuch Anm. 4 zu §. 105 U.V.G.). Der Gesichtspunkt, daß ein strafbares Verschulden nicht den gesammten Mitgliedern der Behörde, sondern nur einem einzelnen Beamten zur Last fallen könne, ist auf diesem Gebiete nicht durchgreifend. Auch bei großen Aktiengesellschaften und Privatverwaltungen wird sich der Fall nicht selten ereignen, daß der Vorstand oder dessen Mitglieder haftbar gemacht werden, während nur einige derselben nach der Art der Geschäftsvertheilung für die einzelne Unterlassung die Verantwortlichkeit tragen. In solchen Fällen ist es Sache der mit der Strafe belegten Behörde, denjenigen zur Erlegung der Strafe heranzuziehen, dem in erster Linie ein Verschulden zur Last fällt. Ein Wechsel der die Behörde leitenden, sie nach außen vertretenden Personen beseitigt nicht die Möglichkeit einer Straffestsetzung, die sich gegen die Behörde als solche richtet. In der Regel werden die neu eintretenden Mitglieder der Behörde nicht von jedem Verschulden frei sein, weil es ihre Amtspflicht mit sich bringt, bei ihrem Amtsantritt zu prüfen, ob die gesetzlichen Verpflichtungen der Behörde gegenüber der B.G. erfüllt sind, und erforderlichenfalls etwaige Versäumnisse der Amtsvorgänger nachzuholen (Handbuch Anm. 4 a. E. zu §. 105 U.V.G.). Die Grundsätze über die Bestrafung von Behörden finden dann keine Anwendung, wenn sich die Straffestsetzung nicht gegen eine kollegialische Behörde, sondern gegen mehrere Einzelbeamte als Vertreter einer juristischen Person richtet, da diese für die Straffestsetzung nur als Einzelpersonen in Betracht kommen (Bf. v. 9. 4. 1898 I. 1698).

VI. Die Strafvorschriften finden ferner auch gegen die Mitglieder des Vorstandes einer Aktiengesellschaft, Innung oder eingetragenen Genossenschaft, sowie gegen die Liquidatoren einer Handelsgesellschaft, Innung oder eingetragenen Genossenschaft (§. 148 G.U.V.G., §. 158 L.U.V.G., §. 45 Abs. 2 B.U.V.G.) Anwendung. Die offene Handelsgesellschaft und Kommanditgesellschaft, bei denen jeder Socius Betriebsunternehmer ist, sind schon durch die allgemeinen Vorschriften betroffen.

Die entsprechende Vorschrift des S.U.V.G. (§. 145) lautet dahin, daß die für Betriebsunternehmer vorgesehenen Strafbestimmungen Anwendung finden:

„a) wenn eine Aktiengesellschaft, eingetragene Genossenschaft, Innung oder andere juristische Person Rheder oder Mitrheder ist, auf alle Mitglieder des Vorstandes,

b) wenn eine andere Handelsgesellschaft oder eine Kommanditgesellschaft auf Aktien Rheder oder Mitrheder ist, auf alle persönlich haftenden Gesellschafter."

Im Uebrigen finden die Strafbestimmungen des S.U.V.G. auch Anwendung gegen die Liquidatoren einer Handelsgesellschaft, Innung oder eingetragenen Genossenschaft.

§. 3.

Die Schuld (Vorsatz und Fahrlässigkeit).

I. Die Strafbarkeit einer Zuwiderhandlung erfordert das Vorliegen einer Schuld auf Seiten des Thäters (Vorsatz oder Fahrlässigkeit). Dies ist in den Fällen des §. 146 G.U.V.G. (§. 156 L.U.V.G., §. 45 Abs. 2 B.U.V.G., §. 143 S.U.V.G.)

ausdrücklich vorgeschrieben. Das Schweigen des Gesetzes in den übrigen Fällen ist aber nicht dahin zu deuten, daß hier die Bestrafung lediglich beim Vorliegen der dort näher bezeichneten Thatbestände ohne Weiteres gerechtfertigt ist. Auch hier bildet das Vorliegen einer Schuld die Voraussetzung für eine strafbare Zuwiderhandlung. Ohne Schuld keine Strafe. Dieses ist einer der wichtigsten Grundsätze des modernen Strafrechts, der auch auf diesem Gebiet Anwendung zu finden hat. Aus der Eigenschaft der in Rede stehenden Strafen als wirklicher Strafen folgt, daß ihre Anwendung subjektives Verschulden voraussetzt. An diesem Grundsatze hat auch das R.V.A. von jeher festgehalten. Es hat vielfach darauf hingewiesen, daß im Allgemeinen Strafen nur da zu verhängen seien, wo die Pflichtversäumniß auf „bösem Willen" oder „grober Nachlässigkeit" beruhe (Rundschr. v. 20. 4. 1886 Anh. II 1), und daß eine Bestrafung dann im Allgemeinen nicht für gerechtfertigt erachtet werden könne, wenn ein schuldhaftes Verhalten des Zuwiderhandelnden nach Lage der Umstände ausgeschlossen erscheine (Rundschr. v. 8. 2. 1890 Ziff. 3, Anh. II 2).

II. Jede Schuld hat zur Voraussetzung die **Zurechnungsfähigkeit** des Thäters, d. h. die Fähigkeit, strafrechtlich verantwortlich gemacht zu werden (zu vergl. oben §. 2 IV).

Die Schuld ist entweder **Vorsatz** oder **Fahrlässigkeit**. Beide Schuldarten sind in dem §. 146 G.U.V.G. und den entsprechenden Vorschriften der übrigen U.V.Ge. klar und deutlich zum Ausdruck gelangt. Eine Strafbefugniß ist hier nur gegeben, wenn die Unrichtigkeit der thatsächlichen Angaben dem zu Bestrafenden „**bekannt war**" (Vorsatz) oder „**bei Anwendung angemessener Sorgfalt nicht entgehen konnte**" (Fahrlässigkeit). Der **Vorsatz** besteht hiernach in der Kenntniß von der Unrichtigkeit, die **Fahrlässigkeit** setzt den Mangel dieser Kenntniß voraus und erfordert die Feststellung zweier Umstände, nämlich:

1. daß es dem Zuwiderhandelnden möglich war, die Unrichtigkeit zu erkennen,

2. daß er die angemessene Sorgfalt, die von ihm verlangt werden konnte, nicht angewendet hat.

Verschiedene Grade der Fahrlässigkeit werden nicht unterschieden.

Für die Annahme einer Schuld ist es rechtlich unerheblich, daß dem Thäter das Bewußtsein der Widerrechtlichkeit seiner Handlung gemangelt hat. Auch die Unkenntniß der gesetzlichen oder statutarischen Strafvorschriften schließt die Strafbarkeit nicht aus (Handbuch Anm. 8 zu §. 103 U.V.G.). Im Falle einer nicht rechtzeitigen Betriebsanmeldung ist z. B. der Einwand nicht durchgreifend, daß der Unternehmer der Ansicht war, er habe seiner Verpflichtung gegenüber der B.G. durch die Anmeldung des Dampfbetriebs bei der Polizeibehörde genügt, da diese Anmeldung sich nur auf die gewerbepolizeiliche Abnahme des Dampfkessels beziehen konnte. Ebenso sind unrichtige Rechtsauffassungen für die Annahme einer Schuld in der Regel ohne Einfluß. Die Durchführung der genossenschaftlichen Verwaltung würde unmöglich werden, wenn Jedem das Recht zugestanden werden müßte, auf seiner, wenn auch noch so unzutreffenden Rechtsansicht zu beharren und, wofern er von deren Unrichtigkeit überführt wird, sich auf seinen guten Glauben zu berufen.

III. Einzelheiten.

1. Häufig wird von Seiten der Bestraften der Einwand erhoben, daß sie durch Krankheit, Abwesenheit oder ähnliche Umstände an der Erfüllung ihrer Verpflichtungen der B.G. gegenüber verhindert gewesen seien. Dieser Einwand ist nicht stichhaltig, da es den Bestraften oblag, dafür zu sorgen, daß sie in der Erfüllung ihrer genossenschaftlichen Pflichten durch andere Personen vertreten werden (zu vergl. Bf. v. 19. 6. 1899 I. 14081).

2. Ebenso ist der Einwand nicht durchgreifend, daß der Bestrafte durch die Verbüßung einer Freiheitsstrafe an der Erfüllung seiner Pflichten behindert worden sei. In diesem Falle ist von ihm zu verlangen — wenn er seinen Verpflichtungen von dem Gefängniß aus nicht nachkommen, z. B.

dort die Gehalts- oder Lohnnachweisung nicht aufstellen kann —, ebenfalls für deren Erledigung sich durch eine andere Person vertreten zu lassen (Bf. v. 30. 11. 1898 I. 28207).

3. Häufig wird in dem Strafverfahren geltend gemacht, daß der Unternehmer von der B.G. ein Formular für die Nachweisung oder Anmeldung nicht erhalten habe. Auch dieser Einwand ist hinfällig, da die Benutzung eines Formulars nicht unbedingt erforderlich ist, der Bestrafte sich überdies — wenn seine Behauptung thatsächlich wahr wäre — das gewünschte Formular von der B.G. rechtzeitig erbitten oder sonstwie verschaffen kann (zu vergl. auch Handbuch Anm. 10 Abs. 2 zu §. 104 U.B.G.).

4. Nicht selten wird die Behauptung aufgestellt, daß der Bestrafte die Nachweisung, Auskunft ꝛc. an die B.G. abgesandt habe, daß ihn also kein Verschulden treffe, wenn die Sendung thatsächlich nicht eingegangen sei. Diesem Einwande gegenüber wird auf die Bestimmung der Gesetze, daß die Nachweisungen „einzureichen" sind, also der Verpflichtung erst durch den „Eingang" bei der zuständigen Stelle genügt wird, sowie auf die Thatsache hinzuweisen sein, daß nach den postalischen Einrichtungen in Deutschland der Verlust eines Briefes auf der Post ein seltenes Vorkommniß ist, und man wird einer derartigen bloßen Behauptung, falls sie nicht einigermaßen bescheinigt wird, in der Regel den Glauben versagen können. Führt jedoch der Versicherte den Beweis der Absendung, so ist nicht etwa ein Verschulden schon darin zu erblicken, daß er das Schriftstück nicht mittelst Einschreibebriefes abgesandt hat. Das Gesetz schreibt die Absendung in dieser Form nicht vor und hieraus muß gefolgert werden, daß der Gesetzgeber die im Verkehr allgemein gebräuchliche Art der Uebersendung, also einfache postalische Beförderung, für ausreichend angesehen hat (Bf. v. 26. 10. 1896 I. 21196).

Anders liegt die Sache, wenn der Verpflichtete das Schriftstück ungenügend frankirt hat und deshalb die Postsendung unbestellt zurückkommt. In diesem Falle muß in den durch ungenügende oder unterlassene Frankirung von

Schriftstücken seitens der Unternehmer verursachten Unregelmäßigkeiten der Thatbestand eines strafbaren Verschuldens gefunden werden (Handbuch Anm. 10 a. E. zu §. 104 U.V.G. u. Bf. v. 2. 4. 1897 I. 7690).

5. Bestehen begründete Zweifel in Betreff der Frage, ob überhaupt eine Verpflichtung gegenüber der B.G. besteht, so ist in der Regel mangels des Vorliegens einer Schuld eine strafbare Handlung nicht anzunehmen. Dieses ist namentlich dann der Fall, wenn die katastermäßige Zugehörigkeit eines Betriebs zur B.G. zweifelhaft ist. Ebenso ist die Verhängung von Strafen lediglich zu dem Zwecke, um einen Ersatz für die entgangenen Beiträge zu erlangen, unzulässig — zu vergl. unten §. 5 zu III Abs. 3 (Bf. v. 15. 11. 1899 I. 29972). Ein strafbares Verschulden wird ferner vielfach in den meist thatsächlich und rechtlich zweifelhaften Fällen nicht anzunehmen sein, in welchen die Verpflichtung zur Einreichung von Regiebau-Nachweisungen streitig ist. War z. B. der Thäter nach Lage der Umstände zu der Annahme berechtigt, daß die fraglichen Bauarbeiten nicht in eigener Regie, sondern im selbständigen gewerbsmäßigen Baubetriebe der angenommenen Person ausgeführt würde, oder daß es sich nicht um eine selbständig zu versichernde Regiebauarbeit, sondern um eine seinem Fabrik- 2c. oder landwirthschaftlichen Betriebe zuzurechnende Bauarbeit (§. 1 Abs. 4 L.U.V.G., §. 6 Ziff. 4 Abs. 2 B.U.V.G.) handelt, so ist eine Bestrafung wegen des Mangels des erforderlichen Verschuldens nicht angängig (Bf. v. 5. 2. 1897 I. 29348, v. 10. 9. 1897 I. 22406 u. v. 3. 3. 1898 I. 4985).

§. 4.

Zusammentreffen mehrerer Strafgesetze. Einheit und Mehrheit strafbarer Handlungen.

I. Da sich die Strafen der U.V.Ge., mit welchen wir uns beschäftigen — wie im §. 1 erörtert — von den allgemeinen kriminellen Strafen einerseits und von den Exekutivstrafen andererseits begrifflich unterscheiden, so folgt hieraus, daß die Anwendung der hierher gehörigen Strafbestimmungen die Verhängung einer durch die gleiche Handlung oder Unterlassung verwirkten gerichtlichen oder Exekutivstrafe nicht ausschließt.

1. So steht z. B. grundsätzlich nichts im Wege, in den Fällen des §. 146 G.U.V.G. und den entsprechenden Vorschriften der übrigen U.V.Ge. neben der Bestrafung durch den Genossenschaftsvorstand auf Grund der bezeichneten Vorschriften eine Bestrafung wegen Betruges auf Grund der Vorschriften des St.G.B. zur Anwendung zu bringen (Handbuch Anm. 1 zu §. 103 U.V.G., zu vergl. auch Besch. 1593, A.N. 1897 S. 286).

2. Ferner wird durch die Verhängung einer Exekutivstrafe seitens der unteren Verwaltungsbehörde auf Grund des §. 35 Abs. 3 und §. 56 Abs. 2 G.U.V.G. eine Bestrafung aus §. 147 a. a. O. wegen nicht rechtzeitiger Betriebsanmeldung nicht ausgeschlossen. Das Gleiche gilt bezüglich der Bestrafung eines Unternehmers auf Grund des §. 157 L.U.V.G., wenn gemäß §. 56 Abs. 2 a. a. O. die Verhängung einer Exekutivstrafe gegen denselben Unternehmer von Seiten der Gemeindebehörde angeordnet worden ist. Auch ist neben der Bestrafung einer Person wegen nicht rechtzeitiger oder nicht vollständiger Einreichung einer Regiebau-Nachweisung auf Grund des §. 45 Abs. 2 B.U.V.G. die Verhängung der Zwangsstrafe aus §. 24 Abs. 2 a. a. O. seitens der dort bezeichneten Behörde zulässig (zu vergl. auch Handbuch Anm. 6 zu §. 104 U.V.G.).

Daß durch die Verhängung von Strafen seitens des Genossenschaftsvorstandes den B.Gn. nicht die Anwendung weiterer ihnen von dem Gesetz oder Statut an die Hand gegebener Zwangsmittel, um die Genossenschaftsmitglieder zur Erfüllung ihrer Verpflichtungen anzuhalten (zu vergl. z. B. §. 99 Abs. 4, §. 102 Abs. 3 G.U.V.G.) verschränkt wird, bedarf wohl kaum besonderer Hervorhebung.

II. Bei unrichtigen Nachweisungen für verschiedene Jahre kann mehrmals bestraft werden, denn es handelt sich in diesen Fällen nicht um ein einheitliches Delikt, sondern um mehrere selbstständige, je für sich strafbare Zuwiderhandlungen. Eine Unterstützung für die gegentheilige Ansicht aus der Anwendung der Mehrzahl „Arbeiter- und Lohnnachweisungen" in §. 146 G.U.V.G. herleiten zu wollen, ist verfehlt, da diese Fassung hier nur gewählt ist, weil hiermit die verschiedenen durch Gesetz oder Statut vorgeschriebenen Nachweisungen betroffen werden sollten, und die Jahreslohnnachweisung bei ordnungsmäßigem Verfahren, wie es das Gesetz als regelmäßigen Fall voraussetzt, für jeden Betrieb immer nur einmal einzureichen ist (Bf. v. 31. 3. 1897 I. 8163).

III. Dagegen ist es unzulässig, neben der Verhängung einer Strafe wegen unterlassener Betriebsanmeldung noch weitere hiermit in Zusammenhang stehende Unterlassungen — z. B. nicht rechtzeitige Unfallanzeige, nicht rechtzeitige Einreichung der Gehalts- und Lohnnachweisung — mit Strafe zu belegen. Die Versäumung der letzterwähnten Verpflichtungen ist lediglich eine Folge der unterlassenen Betriebsanmeldung. Es sind deshalb nicht mehrere selbständige strafbare Handlungen anzunehmen, es liegt vielmehr ein fortgesetztes Zuwiderhandeln gegen das Gesetz oder das Statut vor, das bei der Bestrafung einheitlich zu behandeln ist (Handbuch Anm. 4 u. 15 zu §. 104 U.V.G., Bf. v. 25. 3. 1898 I. 5987).

§. 5.

Die Strafen, deren Bemessung und die Handhabung der berufsgenossenschaftlichen Strafgewalt.

I. Die U.V.Ge. sprechen in den uns beschäftigenden Fällen nur Geldstrafen aus. Andere Arten von Strafen (z. B. Verweis, Verwarnung) sind unzulässig, wenngleich selbstverständlich den B.Gn. es unbenommen bleibt, die Unternehmer auf die Strafbarkeit ihrer Handlungsweise hinzuweisen, anstatt die Strafe zu verhängen.

II. Einen Mindestbetrag der Geldstrafe kennen weder das Gesetz noch auch die Statuten, dagegen ist der Höchstbetrag genau bestimmt. Die Vorschrift des §. 27 St.G.B., wonach der Mindestbetrag der Geldstrafen bei Verbrechen und Vergehen drei Mark, bei Uebertretungen eine Mark beträgt, findet hier keine Anwendung. Denn die hier in Betracht kommenden Zuwiderhandlungen charakterisiren sich weder als Vergehen noch als Uebertretungen im Sinne des St.G.B. Es besteht daher auch kein grundsätzliches Bedenken, bei den schwereren Delikten unter den Betrag von drei Mark, und bei den geringeren Delikten unter den Betrag von einer Mark herabzugehen.

III. Die Aufstellung fester allgemeiner Normen für die Bemessung der Strafe innerhalb des Strafrahmens ist nicht möglich, weil jeder Einzelfall unter Berücksichtigung der gegegebenen Verhältnisse für sich betrachtet werden muß.

Für die Bemessung der Strafe ist in erster Linie der Grad des Verschuldens maßgebend. Der böse Wille ist strenger zu bestrafen als bloße Fahrlässigkeit. Auch der Rückfall wird in der Regel einen Grund zur strengeren Behandlung des Thäters abgeben. Ferner ist bei der Bemessung der Strafe auf die Lebens- und Vermögensverhältnisse der Thäter besonderes Gewicht zu legen. Dieselbe Geldstrafe trifft einen armen Mann schwerer als einen wohlhabenden. Es ist deshalb durchaus keine Ungerechtigkeit, zwei ungleich vermögende Personen bei gleichem Verschulden mit verschieden hohen Strafen zu belegen. Es empfiehlt sich, die Ermittelungen über die Vermögensverhältnisse des Bestraften aktenkundig zu machen, damit auch die Beschwerdeinstanz alsbald in der Lage ist, bei ihrer Entscheidung diese Verhältnisse zu berücksichtigen.

Für das Strafmaß fällt ferner die Größe des Schadens ins Gewicht, der durch die Zuwiderhandlung verursacht ist. Dieser Schaden besteht namentlich in der Summe der uneinziehbaren Beiträge, die der Unternehmer für die Vergangenheit nicht freiwillig zahlt, und durch welche die übrigen Genossenschaftsmitglieder ungerechtfertigter Weise belastet worden sind. Auch hier ist im Interesse einer klaren Beurtheilung der Sache erwünscht, den Betrag der eingegangenen Beiträge genau zu ermitteln und aktenkundig zu machen. Die

Anwendung der Strafgewalt, ohne Rücksicht auf ein Verschulden lediglich zu dem Zwecke, um in dem Strafbetrage einen Gegenwerth für die entgangenen Beiträge zu erhalten, ist ungesetzlich. Um auch den Schein zu vermeiden, als ob die Strafe lediglich zu dem Zwecke der nachträglichen Beitreibung der auf unmittelbarem Wege nicht mehr einziehbaren Beträge verhängt worden sei, ist davon abzurathen, gerade den ziffermäßigen Betrag dieser Beiträge als Strafe festzusetzen (zu vergl. Handbuch Anm. 2 zu §. 104 U.V.G.).

Der Schaden kann ferner darin bestehen, daß durch eine zu späte Unfallanzeige kostspielige Ermittelungen, insbesondere schwierige Gutachten von Fachautoritäten erforderlich werden. Es würde auch hier mit dem Gesetze nicht zu vereinbaren sein, wenn man lediglich deshalb eine Strafe verhängen wollte, um diese Kosten von dem Zuwiderhandelnden im Wege der Straffestsetzung einzuziehen (Handbuch Anm. 20 zu §. 104 U.V.G.).

IV. Eine nachträgliche Herabsetzung oder ein Erlaß der Strafe seitens des Genossenschaftsvorstandes ist zulässig, dagegen würde eine nachträgliche Erhöhung einer einmal festgestellten Strafe allgemeinen Rechtsgrundsätzen widersprechen (Handbuch Anm. 10 Abs. 2 zu §. 103 U.V.G.).

V. Bezüglich der Handhabung der Strafgewalt durch die Genossenschaftsvorstände hat sich das R.V.A. vielfach dahin geäußert, daß in jedem Einzelfalle zu prüfen sei, ob eine Bestrafung überhaupt erforderlich werde, und im Falle der Bejahung, daß dem Bestraften kein größerer Nachtheil zugefügt werde, als es der mit der Bestrafung verfolgte Zweck verlangt (Handbuch Anm. 7 u. 8 zu §. 103 U.V.G., Rundschr. v. 20.4.1886, 8.2.1890 u. 10.5.1895, Anh. II 1, 2 u. 3).

VI. Eine Strafverjährung kennen die U.V.Ge. nicht. Die allgemeinen Vorschriften des St.G.B. finden, wie im §. 1 erörtert, auf die hier in Rede stehenden Strafen keine Anwendung. Hiernach giebt es für diese Zuwiderhandlungen überhaupt keine Verjährung, weder eine Verfolgungs- noch eine Vollstreckungsverjährung (Handbuch Anm. 3 zu §. 103 U.V.G. und Bf. v. 31. 3. 1897 I. 8163).

VII. Begrifflich verschieden von der Strafe ist die Haftung dritter Personen für die Strafen. Eine solche Haftung besteht bezüglich der Rheder, welche für die von dem Schiffsführer verwirkten Geldstrafen zu haften haben. Die Haftung ist eine persönliche, nicht nur eine solche mit Schiff und Fracht. Mitrheder haften nach dem Verhältniß ihrer Antheile am Schiffe. Die Haftung ist nach dem Gesetz auch nicht eine subsidiäre, sondern eine kumulative. Hat der Rheder gezahlt, so steht es ihm frei, gegen den Schiffsführer Regreß zu nehmen (§. 111 Abs. 1 u. §. 146 S.U.V.G.).

2. Kapitel.

Besonderer Theil.

§. 6.

Zuwiderhandlungen gegen die Verpflichtung zur Uebernahme und Verwaltung von Genossenschaftsämtern.

Geregelt durch §. 43 Abs. 3 G.U.V.G., §. 45 Abs. 3 L.U.V.G., §. 14 B.U.V.G., §. 43 Abs. 3 S.U.V.G.

I. Die strafbare Handlung besteht in:

1. der Ablehnung von genossenschaftlichen Ehrenämtern ohne zulässigen Grund;

2. dem Sichentziehen der Ausübung eines solchen Amtes ohne hinreichende Entschuldigung.

II. Die genossenschaftlichen Ehrenämter, um die es sich handelt, sind die Aemter als Vorstandsmitglied und als Vertrauensmann. Die Strafvorschrift findet daher z. B. auf die Wahl zum Vertreter (Delegirten) für die Genossenschaftsversammlung keine Anwendung (so Pl.Beschl. v. 13. 3. 1889 Nr. XII).

III. Die Inhaber der genossenschaftlichen Ehrenämter werden gewählt. Wählbar sind die stimmberechtigten[1])

---

[1]) Nach §. 45 Abs. 1 L.U.V.G. sind die „Mitglieder der Genossenschaft“ (nicht nur die „stimmberechtigten“) wählbar.

Mitglieder der Genossenschaft sowie ihre gesetzlichen Vertreter und, sofern das Statut dies zuläßt, die von den Unternehmern bevollmächtigten Leiter ihrer Betriebe (auf dem Gebiete der S.U.V. die Bevollmächtigten der Rheder sowie die Korrespondentrheder). Nicht wählbar ist, wer nach §§. 31 u. 32 des Gerichtsverfassungsgesetzes zum Amt eines Schöffen unfähig ist, also 1. Nichtdeutsche; 2. Personen, welche die Befähigung in Folge strafgerichtlicher Verurtheilung verloren haben (zu vergl. §§. 33—36 St.G.B.); 3. Personen, gegen welche das Hauptverfahren wegen eines Verbrechens oder Vergehens eröffnet ist, das die Aberkennung der bürgerlichen Ehrenrechte oder der Fähigkeit zur Bekleidung öffentlicher Aemter zur Folge haben kann; 4. Personen, welche in Folge gerichtlicher Anordnung in der Verfügung über ihr Vermögen beschränkt sind.[1])

Zu den stimmberechtigten Mitgliedern der Genossenschaft gehören auch die ausländischen Genossenschaftsmitglieder (Besch. 260, A.N. 1887 S. 18).

Ueber die Frage, wer gesetzlicher Vertreter ist, vergl. oben §. 2 IV u. V. Bei Gesellschaften mit beschränkter Haftung (R.Ges. v. 20. 4. 1892, in der Fassung des Art. 11 des Einführungsges. z. Handelsgesetzbuche vom 10. Mai 1897) sind nur die „Geschäftsführer" als die gesetzlichen Vertreter der Gesellschaft wählbar (Besch. 1373, A.N. 1894 S. 344).

Betriebsleiter, deren Wählbarkeit von dem Statut der B.G. abhängt, ist nicht nur derjenige, welcher die Führung der Geschäfte in dem versicherten Betrieb allein besorgt, sondern auch wer mit anderen an der Leitung der Geschäfte Theil nimmt (Leiter einzelner Abtheilungen eines größeren Betriebs). Ein dem kaufmännischen Betriebe vorstehender Prokurist ist in der Regel als Betriebsleiter zu erachten, weil auch bei weitgehender Scheidung des kaufmännischen und

---

[1]) Uebereinstimmend mit der Fassung des §. 88 Abs. 1 J.V.G. Zu vergl. auch §. 10 Abs. 2 des Ges., betr. die Gewerbegerichte, v. 29. 7. 1890 (R.G.Bl. S. 141).

technischen Theiles eines Betriebs meistens die Leitung des einen Theiles in den des anderen übergreift. Auch der von einem Konkursverwalter mit der Fortführung des Betriebs beauftragte Betriebsleiter ist wählbar (Besch. 69, A.N. 1885 S. 344). Dagegen sind die Mitglieder des Aufsichtsraths einer Aktiengesellschaft nicht wählbar, da sie als solche weder Leiter noch selbständige Vertreter des Unternehmens sind. Wenn sie dagegen für eine bestimmte Zeit zum Stellvertreter eines behinderten Vorstandsmitgliedes bestellt sind, sind sie in dieser Eigenschaft wählbar (zu vergl. §. 248 des Handelsgesetzbuchs vom 10. Mai 1897, Besch. 21 u. 47, A.N. 1885 S. 85 u. 209, Bf. v. 15. 7. 1898 I. 16983).

IV. Strafbar ist die Ablehnung der Wahl, nicht deren Nichtannahme. Denn einer ausdrücklichen Annahme der Wahl bedarf es nicht, weil das Amt in Folge der Wahl ohne Weiteres — kraft Gesetzes — auf den Gewählten übergeht (zu vergl. Besch. 473, 1135, A.N. 1888 S. 86, 1892 S. 306). Die Bestrafung setzt die Feststellung voraus, daß der Gewählte das Amt thatsächlich ablehnt. Eine Ablehnung ist nicht schon darin zu erblicken, daß er die Annahme des Briefes verweigert, welcher die Benachrichtigung von der Wahl enthält (Besch. 82, A.N. 1885 S. 364).

V. Die Ablehnung der Wahl ist nur zulässig aus gesetzlichen Gründen. Ein solcher Grund ist zunächst dann stets vorhanden, wenn eine Voraussetzung der Wählbarkeit der betreffenden Person nicht vorliegt (wenn z. B. ein Aufsichtsrathsmitglied einer Aktiengesellschaft, welches irrthümlich als Betriebsleiter angesehen wurde, gewählt worden ist). Liegen die Voraussetzungen der Wählbarkeit vor, so kann die Wahl nur ablehnen:[1]) 1. wer das sechzigste Lebensjahr vollendet hat; 2. wer mehr als vier minderjährige eheliche Kinder hat; ein von einem Anderen an Kindesstatt angenommenes Kind wird nicht gerechnet; 3. wer durch Krankheit oder durch Gebrechen verhindert ist, die Vormundschaft ordnungsmäßig zu führen; 4. wer mehr als

[1]) Uebereinstimmend mit §. 94 J.V.G.

eine Vormundschaft oder Pflegschaft führt; die Vormundschaft oder Pflegschaft über mehrere Geschwister gilt nur als eine; die Führung von zwei Gegenvormundschaften steht der Führung einer Vormundschaft gleich,[1]) ebenso die Wahrnehmung eines auf Grund der Gesetze über Krankenversicherung, Unfallversicherung oder Invalidenversicherung übertragenen Ehrenamts. Das Statut der B.G. kann noch andere Ablehnungsgründe festsetzen. Ferner ist es zulässig, die Wiederwahl abzulehnen, aber nur für eine Wahlperiode.[2])

VI. Die Inhaber der Ehrenämter haben ihr Amt getreu zu verwalten, sie haften der Genossenschaft wie Vormünder ihren Mündeln (§. 45 G.U.V.G., §. 47 L.U.V.G., §§. 14 u. 18 Abs. 4 B.U.V.G., §. 45 S.U.V.G.). Entzieht sich der Inhaber eines Ehrenamts ohne hinreichende Entschuldigung der Ausübung des Amtes, so ist der Straffall gegeben. Ob die Entschuldigung eine hinreichende ist (z. B. Krankheit), hat der Genossenschaftsvorstand bezw. die Beschwerdeinstanz unter Würdigung der Umstände des Einzelfalls zu entscheiden. Eine spätere eigenmächtige Niederlegung des Ehrenamts im Laufe der Wahlperiode ist unzulässig und strafbar. Statthaft ist die Niederlegung des Amtes nur, wenn nachträglich ein gesetzlicher Ablehnungsgrund eintritt (Besch. 1135, A.N. 1892 S. 306, Handbuch Anm. 3 zu §. 24 U.V.G.).[3]) Abgesehen hiervon hat das R.V.A. eine Amtsniederlegung dann für zulässig erachtet, wenn die Niederlegung des Amtes vor dem wahlberechtigten Genossenschaftsorgane förmlich zu Protokoll erklärt wird und kein Widerspruch erhoben wird (Pl.Beschl. v. 1. 6. 1892 Nr. IV). Eine derartige Billigung der Amtsniederlegung wird in der

---

[1]) §. 1786 Abs. 1 Ziff. 2—4 u. 8 B.G.B.

[2]) Die Dauer der Wahlperioden regelt das Statut. Sie beträgt meistens 4 Jahre für die Vorstandsmitglieder und ihre Ersatzmänner und 2 Jahre für die Vertrauensmänner und ihre Stellvertreter.

[3]) Zu vergl. auch §. 1889 B.G.B., wonach bei nachträglichem Eintritt der im §. 1786 Abs. 1 Ziff. 2—7 bezeichneten Ablehnungsgründe der Antrag auf Entlassung eines Vormundes gerechtfertigt ist.

Regel nur aus wichtigen Gründen erfolgen dürfen[1]) (zu vergl. Bf. v. 23. 10. 1899 I. 29531).

VII. Strafe in beiden Fällen: Geldstrafe bis zu 500 Mark. Da das R.V.A. (die L.V.-Aemter) über Streitigkeiten, welche sich auf die Rechte und Pflichten der Inhaber der Genossenschaftsämter und die Gültigkeit der vollzogenen Wahlen beziehen, zu entscheiden hat (§§. 126, 127 G.U.V.G., §§. 132, 133 L.U.V.G., §. 41 Abs. 1 B.U.V.G., §. 128 S.U.V.G.), so dürfte es sich empfehlen, daß die Genossenschaftsvorstände eine Strafe nicht eher verhängen, als bis die Entscheidung des R.V.A. (der L.V.-Aemter) getroffen ist.

§. 7.

Unrichtige Angaben in den zum Zwecke der Entschädigungs- und der Beitragsberechnung zu ertheilenden Nachweisungen und Auskünften.

Geregelt durch §. 146 Ziff. 1 G.U.V.G., §. 156 L.U.V.G., §. 45 Abs. 2 B.U.V.G., §. 143 S.U.V.G.

I. Die mit Strafe bedrohte Handlung besteht in der Angabe von unrichtigen Thatsachen in gewissen Nachweisungen und Auskünften. Die Strafvorschrift setzt nicht voraus, daß der Betriebsunternehmer die Unrichtigkeit selbst bewirkt hat, es genügt vielmehr, wenn die Unrichtigkeit in den Nachweisungen 2c. enthalten ist, und den Unternehmer eine Schuld (Vorsatz oder Fahrlässigkeit) trifft. Der Unternehmer hat die Verantwortung für die Richtigkeit der Angaben, auch wenn er mit der Erledigung der Schreibarbeit eine dritte Person (z. B. einen Angestellten) beauftragt und das Schriftstück selbst nur unterzeichnet. Eine Schuld trifft ihn schon insofern, als er zur Ueberwachung der Thätigkeit seiner Angestellten verpflichtet ist (Handbuch Anm. 14 zu §. 103 U.V.G.).

---

[1]) Ueber Amtsenthebung vergl. §. 47 G.U.V.G., §. 49 L.U.V.G., §. 14 B.U.V.G., §. 47 S.U.V.G. Die Amtsenthebung erfolgt durch den Vorstand, die Beschwerde geht an das R.V.A. (L.V.A.).

Ferner ist es für die Anwendbarkeit der Strafvorschrift nicht erforderlich, daß der B.G. durch die Zuwiderhandlung ein Schaden erwachsen ist. So ist der Thatbestand des Delikts schon gegeben, wenn in einer Lohnnachweisung die Angaben über die Höhe der Einzellöhne unrichtig, die Gesammtsumme aber richtig ist (Handbuch Anm. 15 zu §. 103 U.V.G.).

II. Bezüglich der in Betracht kommenden Nachweisungen und Auskünfte enthalten die verschiedenen U.V.Ge. mehrfach von einander abweichende Vorschriften.

A. Das Gewerbe-Unfallversicherungsgesetz spricht von „Arbeiter- und Lohnnachweisungen", die von den Betriebsunternehmern „auf Grund gesetzlicher oder statutarischer Bestimmung" einzureichen sind.

1. Hieraus folgt:

a) daß unrichtige Angaben über die Arbeiterzahl und ihre Lohnverhältnisse, deren Mittheilung nicht auf Gesetz oder Statut beruht — welche z. B. gelegentlich eines Schriftwechsels, in einer Beschwerdeschrift oder sonst mündlich gemacht werden — nicht unter die Strafvorschrift fallen;

b) daß die Strafvorschrift nur Anwendung insoweit finden kann, als eine Verpflichtung zur Nachweisung oder Auskunftsertheilung besteht. So erstreckt sich die Verpflichtung zur Einreichung der Gehalts- und Lohnnachweisung für das Umlageverfahren nur auf das abgelaufene Rechnungsjahr (§. 99 Abs. 2 G.U.V.G.). Eine solche Verpflichtung besteht mithin nicht bezüglich des dem laufenden vorhergehenden Rechnungsjahrs für die Unternehmer solcher versicherungspflichtiger Betriebe, die erst zur Anmeldung gelangen, nachdem sie schon mehrere Jahre bestanden haben (Besch. 616, A.N. 1888 S. 335).

2. Eine gesetzliche Verpflichtung zur Einreichung von Gehalts- und Lohnnachweisungen besteht einmal zum Zwecke der Entschädigungsberechnung

(§. 74 a. a. O.), zum anderen zum Zwecke der Beitragsberechnung (§. 99 a. a. O.).[1])

8. Ueber die Vorfrage, welche Angaben die betreffenden Nachweisungen enthalten müssen, geben die §§. 74 und 99 in Verbindung mit §. 10 G.U.V.G. Aufschluß.

Auf folgende, für die Praxis wichtige, von dem R.V.A. stets festgehaltene Grundsätze soll hier besonders hingewiesen werden:

Was zunächst den §. 74 anlangt, so ist dieser Vorschrift nicht die weitgehende Bedeutung beizulegen, daß durch sie die Genossenschaftsmitglieder zur Einreichung von Nachweisungen über die Löhne der in ihren Betrieben beschäftigten Rentenempfänger der Genossenschaft gegenüber zu dem Zwecke verpflichtet sein sollen, um den Genossenschaftsorganen die Grundlage für die Anwendung der §§. 88 ff. zu verschaffen. Eine Verpflichtung zu wiederholter Auskunftsertheilung über den Jahresarbeitsverdienst des Verletzten oder eines gleichartigen Arbeiters ist indessen auf Grund dieser Vorschrift dann anzuerkennen, wenn in dem Verfahren nach §§. 88 ff. erneute Streitigkeiten über die Höhe des der Rentenberechnung zu Grunde zu legenden Jahresarbeitsverdienstes entstehen (Bf. v. 18. 1. 1898 I. 82799).

Bezüglich der Handhabung der Vorschrift des §. 99 gelten die nachfolgenden Grundsätze:

a) Die Aufführung der versicherten Personen ihrem Namen nach und die Angabe des von jedem Einzelnen verdienten Lohnes ist nach dem Wortlaute der Bestimmungen des §. 99 an sich erforderlich. Denn diese Vorschrift ist dahin zu verstehen, daß mit ihr eine Anführung der Namen der Versicherten gefordert wird, da anderenfalls von der Zahl der versicherten Personen und der Summe der verdienten Löhne und Gehälter gesprochen sein würde.

---

[1]) Ueber Zuwiderhandlungen gegen die Verpflichtung zur rechtzeitigen Einreichung der hierher gehörigen Nachweisungen, die Ausnahmen von der Verpflichtung 2c. zu vergl. unten §. 13.

Das R.V.A. hat jedoch die Regelung des Lohnnachweisungswesens im Einzelnen den B.Gn. überlassen (zu vergl. Rundschr. vom 28. 11. 1885, A.N. 1885 S. 354 unter Ziff. 79, vom 10. 12. 1885, das. S. 367 Abs. 4, vom 10. 3. 1886, das. 1886 S. 47, auch Rundschr. vom 22. 8. 1889 I. 20419). Wenn in Folge dessen einzelne B.Gn. mit Rücksicht darauf, daß aus den vorgeschriebenen Lohnlisten die Namen, die Arbeitszeit und der Verdienst aller im Betriebe beschäftigten Personen jederzeit ersichtlich ist, ihre Mitglieder von der Einreichung spezifizirter Arbeiter- und Lohnnachweisungen entbunden und summarische Angaben für ausreichend erklärt haben, so hat das R.V.A. von Aufsichtswegen die Genehmigung hierzu nicht versagt (Vf. v. 1. 12. 1896 I. 24134). Eine Nachweisung, welche die Namen der Versicherten und deren Einzelverdienste nicht enthält, ist mithin aus diesem Grunde nicht schon unter allen Umständen unrichtig (zu vergl. auch Pl.Beschl. v. 16. 4. 1890 Nr. XII).

b) Die Nachweisung hat die versicherten Personen zu enthalten, diese aber auch nur insoweit, als sie in dem versicherten Betriebe oder Betriebstheile beschäftigt sind. Bezüglich der häufig schwer zu beantwortenden Frage, welche Personen und mit welchem Gehalt oder Lohn diese in den Nachweisungen hiernach zu führen sind, ist Folgendes zu bemerken:

Zu den nach Maßgabe der U.V.Ge. versicherten Personen gehören auch diejenigen, welche keinen Gehalt oder Lohn beziehen, sofern sie nur in dem versicherten Betriebe als Arbeiter oder Betriebsbeamte beschäftigt sind. Also auch unbesoldete Lehrlinge, Volontaire, Kinder u. s. w. sind bei Erfüllung dieser Voraussetzung in die Nachweisungen aufzunehmen. Ferner sind die in dem Betriebe als Gehülfen oder Arbeiter beschäftigten Familienangehörigen nachzuweisen, mit Ausnahme der Ehefrau, die niemals als eine von ihrem Ehemanne beschäftigte Arbeiterin gilt, und umgekehrt.

Nicht selten ist die Frage streitig, ob eine im Betriebe thätige Person als dort beschäftigter Arbeiter (Tagelöhner oder Kleinakkordant) oder als selbständiger Unternehmer zu betrachten ist. Hier sind die Verhältnisse des Einzelfalls maßgebend. Ueber diese Frage hat das R.V.A. zahlreiche Entscheidungen getroffen. Es darf in dieser Beziehung auf die Anmerkungen 7 bis 22 zu §. 9 U.V.G. im Handbuch verwiesen werden.

Die Grenze zwischen kleinen selbständigen Unternehmern und unselbständigen Arbeitern ist besonders im Baugewerbe häufig schwierig zu ziehen. Das R.V.A. hat auf diesem Gebiete folgende allgemeinere Gesichtspunkte für die Unterscheidung aufgestellt und in Verwaltung und Rechtsprechung festgehalten:

Als unselbständige versicherungspflichtige Bauarbeiter sind im Zweifel anzusehen:

1) die im Bauhandwerk beschäftigten Gesellen, Gehülfen sowie die ständigen Arbeiter, welche ausschließlich in Betrieben gewerbsmäßiger Bauunternehmer beschäftigt werden;

2) die in der Regel in Betrieben gewerbsmäßiger Bauunternehmer, in anderen (landwirthschaftlichen 2c.) Betrieben oder sonstwie berufsmäßig als Lohnarbeiter beschäftigten Personen, auch soweit sie nebenher, gelegentlich oder in regelmäßiger Wiederkehr, Bauarbeiten unmittelbar für die Bauherren ausführen;

3) die das ganze Jahr oder den größten Theil des Jahres hindurch mit Bauarbeiten für nicht gewerbsmäßige Bauunternehmer (Bauherren) beschäftigten Personen, sofern sie in der Regel

α) nur geringfügige, eine besondere handwerksmäßige Vorbildung nicht erfordernde Bauarbeiten, insbesondere Ausbesserungs- (Flick-) Arbeiten ausführen und

β) ohne eigenes Betriebskapital gegen einen den Lohn eines Bauarbeiters nicht oder nicht erheblich übersteigenden Lohn arbeiten. Ein Betriebskapital wird insbesondere als vorhanden anzunehmen sein bei Verwendung größerer Betriebsgeräthe (Werkstattseinrichtungen, Gerüste 2c.) oder bei Lieferung von Baumaterialien oder bei regelmäßiger Gestellung anderer Arbeiter.

Die mit Bauarbeiten beschäftigten Personen, bei welchen diese Voraussetzungen nicht zutreffen, sind im Allgemeinen nicht als Bauarbeiter, sondern als selbständige Baugewerbetreibende (Unternehmer, Arbeitgeber) zu betrachten. Ausnahmen, insbesondere für die sog. Akkordanten, sind indessen nicht ausgeschlossen (Rundschr. v. 29. 6. 1895 — A.N., J. u. A.V., 1895 S. 226).

Was das weitere Erforderniß anlangt, daß nur die in dem versicherten Betriebe oder Betriebstheile verdienten Gehälter und Löhne nachzuweisen sind, so entstehen häufig Zweifel in den Fällen, in welchen ein Betrieb aus einem versicherungspflichtigen und einem nichtversicherungspflichtigen Theile oder aus mehreren versicherungspflichtigen, aber bei verschiedenen B.Gn. versicherten Theilen besteht, und die Arbeiter bald hier bald dort beschäftigt werden. In diesen Fällen ist von dem Unternehmer durch eine den thatsächlichen Verhältnissen entsprechende Schätzung festzustellen, welcher Theil des Gehalts oder Lohnes auf den versicherten Betriebstheil oder die verschiedenen versicherten Betriebstheile entfällt und dieser Betrag ist nachzuweisen (zu vergl. Handbuch Anm. 13 zu §. 71 U.V.G.). Zu beachten ist ferner die neue Vorschrift des §. 3 G.U.V.G., wonach sich die Versicherung auf häusliche und andere Dienste erstreckt, zu denen versicherte Personen neben der Beschäftigung im Betriebe von ihren Arbeitgebern oder von deren Beauftragten herangezogen werden. Ist dagegen der an sich nichtversicherungspflichtige Betriebstheil Nebenbetrieb oder Bestandtheil des Hauptbetriebs, so erstreckt sich die Versicherungspflicht auch auf diesen Theil, und demzufolge sind die gesammten Gehälter und Löhne der B.G. nachzuweisen. Die Anwendung dieses Grundsatzes und die Annahme einer nur theilweisen Versicherung des technischen Betriebs, wenn jene Voraussetzung nicht erfüllt war, war namentlich für die Betriebe von Bedeutung, welche sich auf Bauarbeiten (Schlosser-, Anschläger-, Tischler-, Klempner-, Maler- 2c. Arbeiten bei und für Bauten) erstreckten. In Zukunft fallen diese Unterschiede nach §. 1 Abs. 1 Ziff. 2 G.U.V.G. fort, da derartige Betriebe im Ganzen der Versicherung unterliegen.

c) Nachzuweisen sind die Gehälter oder Löhne, welche „verdient", nicht nur diejenigen, welche „gezahlt" sind. „Verdient" im Sinne des §. 99 G.U.V.G. ist der Gehalt oder Lohn, welcher den versicherten Personen als Entgelt für ihre versicherte Beschäftigung zufließt, einerlei ob ein Rechtsanspruch des Versicherten darauf besteht oder nicht, ob der Versicherte das Entgelt von seinem Arbeitgeber oder von dritten Personen (z. B. Trinkgelder) erhält. Als Gehalt oder Lohn in diesem Sinne gelten auch Naturalbezüge (freie Wohnung, freie Heizung und Licht, Kleidung, auch wenn diese — wie die Uniformen der Postillone[1]) — Eigenthum des Unternehmers bleibt, Freibier u. dergl.), deren Werth nach den von der unteren Verwaltungsbehörde festgesetzten Durchschnittspreisen in die Nachweisung aufzunehmen sind (§. 6 a. a. O.); Gewinnantheile (Tantiemen), deren Betrag, falls er noch nicht feststeht, abzuschätzen ist; sonstige Bezüge, welche den Versicherten, wenn auch nur gewohnheitsmäßig, gewährt werden und ganz oder zum Theil an Stelle des Gehalts treten, so Trinkgelder, Rollgelder, Gelegenheitsgeschenke u. dergl., wenn sie als wirthschaftliche Vortheile bei der Festsetzung des Lohnes zwischen Arbeitgeber und Arbeitnehmer — wenn auch stillschweigend — in Betracht gezogen sind;[2]) Zehrungs-, Nachtquartier- und Fahrgelder (zu vergl. R.E. 424, 465, 632, 730, A.N. 1887 S. 356, 1888 S. 84 u. 346, 1889 S. 344). Der Einwand, daß der Unternehmer die seinen Leuten gewährten Naturalien größtentheils aus den Erzeugnissen seines eigenen Wirthschaftsbetriebs gewonnen und daher billiger als andere Unternehmer hätte beschaffen können, ist nicht durchgreifend, da nach §. 6 G.U.V.G. die Naturalbezüge mit ihrem thatsäch-

[1]) Bſ. v. 9. 5. 1896 I. 9111.

[2]) Anders, wenn die Zuwendung auf reinem Wohlwollen beruht, namentlich wenn ihr das Merkmal des Ueblichen und Hergebrachten mangelt. Bſ. v. 13. 6. 1896 I. 10492.

lichen, nach Ortsdurchschnittspreisen ermittelten Werthe in Ansatz zu bringen sind. — Zu vergl. auch Bf. v. 21. 4. 1896 I. 8929.

Endlich ist noch zu erwähnen, daß der auf den Versicherten entfallende Theil der Beiträge zur Krankenversicherung nicht in Abzug gebracht werden darf, weil dieser Theil zu dem „verdienten" Gehalt oder Lohn der Versicherten gehört (Handbuch Anm. 16 zu §. 71 U.V.G.). Das Gleiche gilt für die entsprechenden Beiträge zur Invalidenversicherung.

Rechtlich unerheblich für die Frage, welcher Gehalt oder Lohn nachzuweisen ist, ist die Art und Weise der Löhnung, ob Tagelohn, ob Stücklohn, ob die Löhnung unmittelbar durch den Unternehmer oder durch eine Mittelsperson, der die Befugniß zur Annahme und Entlassung der Arbeiter zusteht (z. B. Partieführer, Ziegelmeister, Werkmeister, Schachtmeister, Akkordküfermeister, Bierführer ꝛc.), bewirkt wird. Die Unternehmer haben in diesen Fällen dafür zu sorgen, daß sie über die Zahl der Arbeiter und ihre Löhne durch die Mittelspersonen unterrichtet werden und sie in der Lage sind, ihren gesetzlichen Verpflichtungen nachzukommen (Bf. v. 20. 10. 1897 I. 23550). Gerade diese Fälle geben in der Praxis vielfach Anlaß zu Zweifeln (zu vergl. eine Reihe von Einzelentscheidungen des R.V.A. im Handbuch Anm. 8 zu §. 9 U.V.G.).

Rechtlich unerheblich ist es ferner, ob die Beschäftigung im Betriebe eine dauernde oder nur eine vorübergehende war.

d) Die Nachweisung hat ferner zu enthalten die „bei der Umlegung der Beiträge in Anrechnung zu bringenden Beträge" der Gehälter und Löhne. Eine Ausnahme besteht dann, wenn nach §. 30 Abs. 1 G.U.V.G. eine statutarische Bestimmung dahingehend erlassen ist, daß die wirklich verdienten Gehälter und Löhne in Anrechnung kommen sollen. Im Uebrigen sind bei der Feststellung der anrechnungsfähigen Beträge folgende Vorschriften zu beachten:

α) Gehälter und Löhne, die während der Beitragsperiode den Jahresbetrag von 1500 Mark übersteigen, kommen mit dem überschießenden Betrage nur zu einem Drittel in Anrechnung (§. 29 Abs. 2 a. a. O.).[1]

β) Bei versicherten Personen, die keinen Lohn oder weniger als den dreihundertfachen Betrag des für ihren Beschäftigungsort festgesetzten ortsüblichen Tagelohns gewöhnlicher erwachsener Tagearbeiter beziehen (§. 8 des K.V.G.), ist als Jahresarbeitsverdienst das Dreihundertfache dieses ortsüblichen Tagelohns nachzuweisen (§. 10 Abs. 4, §. 29 Abs. 1 a. a. O.).

e) Was insbesondere die Nachweisungen der kraft Statuts für versicherungspflichtig erklärten kleinen Unternehmer anlangt, so ist in den genehmigten Statuten derjenigen Bau-B.Gn., welche die Versicherung dieser Unternehmer bei der B.G. erfolgen lassen (z. Zt. die Rheinisch-Westfälische, Hessen-Nassauische, Schlesisch-Posensche, Württembergische, Nordöstliche, Sächsische, Thüringische Baugewerks-B.G. und die Tiefbau-B.G.) durchgängig die Bestimmung enthalten (wenn auch meistens nicht im Text, sondern in einer Anmerkung im Text), daß solche Gewerbetreibende, welche der ihnen durch das Statut auferlegten Verpflichtung zur jährlichen Nachweisung der Gesammtzahl der Tage, an welchen sie in dem Jahre in ihrem versicherten Betriebe thätig geworden sind, und des Gesammtverdienstes des vergangenen Jahres nicht oder nicht pünktlich entsprechen, denjenigen Strafen unterliegen, welche für Genossenschaftsmitglieder bezüglich der Arbeiter- und Lohnnachweisung im Gesetz oder Statut vorgesehen sind.

---

[1]) Für das Jahr 1900 kommt diese Vorschrift nur für das letzte Vierteljahr zur Anwendung, weil die neuen Gesetze am 1. Oktober in Kraft getreten sind. Für die ersten drei Vierteljahre ist noch die Vorschrift des §. 10 Abs. 2 U.V.G. anzuwenden, wonach die Löhne und Gehälter, welche durchschnittlich den Satz von vier Mark täglich übersteigen, mit dem vier Mark übersteigenden Betrage nur zu einem Drittel in Anrechnung kommen.

B. Das U.V.G. für Land- und Forstwirthschaft umfaßt drei Gruppen von Auskünften und Nachweisungen, auf welche sich die Strafvorschrift des §. 156 erstreckt.

a) Auskünfte, welche zur Durchführung der Veranlagung der Betriebe zu den Gefahrenklassen und zur Abschätzung des Arbeitsbedarfs den Genossenschaftsorganen auf Erfordern von den Mitgliedern der Genossenschaft zu ertheilen sind; ferner die zu erstattenden Auskünfte im Falle von Neuveranlagungen, die während der Tarifperiode erforderlich werden. Sodann sind hierher zu rechnen diejenigen Auskünfte, welche bei den von Zeit zu Zeit (mindestens von 5 zu 5 Jahren) vorgenommenen Revisionen der Veranlagung und Abschätzung zu ertheilen sind; endlich Auskünfte, die der Unternehmer über die für die Abschätzung des Arbeitsbedarfs maßgebenden Verhältnisse der Gemeindebehörde gegenüber zu ertheilen verpflichtet ist (§. 54 Abs. 2, §. 55 Abs. 6 u. §. 56).

b) Die Gehalts- und Lohnnachweisungen, welche die Genossenschaftsmitglieder alljährlich dem Genossenschaftsvorstand einzureichen haben (§. 108).[1] Diese Nachweisungen haben sich nur zu erstrecken auf die im Laufe des verflossenen Rechnungsjahrs versicherten Betriebsbeamten und die im §. 1 Abs. 6 bezeichneten, technisch vorgebildeten Personen (Facharbeiter, wie Förster, Gärtner, Brenner, Maschinenführer, Heizer, Müller, Ziegler, Schmiede, Stellmacher).[2] Die Nachweisung hat denjenigen Betrag zu enthalten, den jeder von diesen Versicherten im abgelaufenen Rechnungsjahr an Gehalt oder Lohn thatsächlich bezogen hat oder welcher für ihn anzurechnen ist. Es ist also hier ausnahmslos die namentliche Aufführung der Versicherten und der Einzelverdienste erforderlich.

---

[1]) Diese Vorschrift tritt erst am 1. 1. 1902 in Kraft (§. 25 Abs. 2 H.G.).

[2]) Das Statut hat zu bestimmen, welche Personen als Betriebsbeamte oder als technisch gebildete Arbeiter dieser Art anzusehen sind (§. 1 Abs. 6).

Einer Nachweisung der Löhne der gewöhnlichen land- oder forstwirthschaftlichen Arbeiter bedarf es nicht, da bezüglich dieser die Abschätzung nach Unfallgefahr und Arbeitsbedarf für die Berechnung der Genossenschaftsbeiträge maßgebend ist (§. 107).[1]

Erfolgt die Beitragsberechnung nach dem Steuerfuße (§§. 57 u. 106), so finden die gesetzlichen Vorschriften über Gehalts- und Lohnnachweisungen überhaupt keine Anwendung.

c) Die Gehalts- und Lohnnachweisungen, welche zur Feststellung der Entschädigungen erforderlich sind. Die Genossenschaftsmitglieder sind zur Einreichung derartiger Nachweisung auf Erfordern der Behörde oder der Entschädigungs-Feststellungsorgane der B.Gn. verpflichtet (§. 80).

C. Das Bau-U.V.G. schreibt entsprechende Anwendung der Strafvorschriften des G.U.V.G. vor und bestimmt ausdrücklich, daß die Strafbestimmungen auch bezüglich der für die Berechnung der Prämien maßgebenden Nachweisungen gelten sollen (§. 45 Abs. 2). Unter diesen Nachweisungen sind, wie durch die Verweisung auf §. 24 in dem bezeichneten §. 45 Abs. 2 erhellt, die sog. Regiebau-Nachweisungen verstanden. Bezüglich der Regiebau-Nachweisungen ist hier Folgendes zu bemerken:

a) Die Versicherung der Regiebauarbeiten erfolgt gegen Prämien bei den Versicherungsanstalten der Bau-B.Gn.

b) Die Verpflichtung zur Einreichung solcher Nachweisungen liegt den im §. 6 Ziff. 4 Abs. 1 bezeichneten Unternehmern ob. In der Praxis entstehen hier häufig Meinungsverschiedenheiten darüber, ob eine Bauarbeit von einer Privatperson in eigener Regie ausgeführt, oder ob diejenige Person, welcher die Ausführung der Bauarbeit übertragen ist, als der Unternehmer der Bauarbeit zu gelten hat, in welchem Falle eine Verpflichtung der Privatperson zur Einreichung von Regiebau-Nachweisungen nicht besteht. Bei der Vielgestaltigkeit der Verhältnisse lassen sich allgemeine Regeln hier nicht wohl aufstellen. Die Praxis hält

---

[1]) Auch §. 107 tritt erst am 1. 1. 1902 in Kraft.

jedoch daran fest, daß der juristische Inhalt der Verträge für die Entscheidung der Frage allein nicht maßgebend, vielmehr grösseres Gewicht auf die gesammte wirthschaftliche Lage der mit einer Bauausführung beauftragten Person zu legen ist. Eine Person, welche in der Regel in abhängiger Stellung thätig ist (z. B. als Maurerpolier), wird nicht dadurch schon Unternehmer, daß sie einmal im unmittelbaren Auftrage des Bauherrn eine Bauarbeit ausführt. Einen Anhalt gewähren die oben unter II A 3 b angegebenen allgemeinen Gesichtspunkte über die Unterscheidungsmerkmale zwischen einem Unternehmer und einem Arbeiter (Kleinakkordanten). Auf der anderen Seite bleibt eine Person, die ein selbständiges Baugewerbe betreibt, Unternehmer, auch wenn sie einmal eine in ihr Gewerbe einschlagende Arbeit im Tagelohn ausführt (Handbuch Anm. 2 zu §. 3 B.U.V.G.).

c) Die Verpflichtung zur Einreichung von Regiebau-Nachweisungen bezieht sich nur auf selbständige Regiebauten. Ausgeschlossen sind also:

α) diejenigen Regiebauarbeiten, die nach §. 1 Abs. 4 L.U.V.G. dem Betriebe der Land- und Forstwirthschaft zuzurechnen sind (laufende Reparaturen an landwirthschaftlichen Gebäuden und sonstige Bauarbeiten, welche von dem land- oder forstwirthschaftlichen Unternehmer in eigener Regie ausgeführt werden);

β) diejenigen Regiebauarbeiten, welche als Bestandtheil oder Nebenbetrieb eines anderen Betriebs (z. B. Fabrik, Brauerei) zu gelten haben. Diese sind bei derjenigen B.G. mitversichert, welcher die Fabrik u. s. w. angehört. Das Gleiche gilt für Bauten, die von Eisenbahnverwaltungen (Pferdebahnen, Arbeitsbahnen) für eigene Rechnung ausgeführt werden (§. 6 Ziff. 4 Abs. 2 B.U.V.G.).

d) Die Verpflichtung zur Einreichung von Regiebau-Nachweisungen erleidet eine weitere Beschränkung dadurch, daß sie sich nur auf größere selbständige Regiebauarbeiten erstreckt — d. h. zu deren Ausführung, einzeln genommen, mehr als 6 Arbeitstage verwendet werden. Eine solche gilt auch als vorliegend, wenn die Bauarbeit nicht in einem Monat, sondern erst in einem längeren Zeitraum (z. B. während eines Jahres) mehr als 6 Arbeitstage erforderte und die Arbeit, wie z. B. meistens bei Kommunalwegearbeiten, eine einheitliche ist (Besch. 1090, A. N. 1892 S. 278). Wegen der Regiebauarbeiten von geringerer Dauer findet eine Nachweisung an die B.G. nicht statt (§. 23 B.U.B.G.).

Bezüglich der weiteren Befreiungen von Kommunalverbänden oder anderen Korporationen ꝛc. zu vergl. Ziff. 5a bis c der unten erwähnten Anleitung.

Die Nachweisungen haben die in dem abgelaufenen Monate bei Ausführung der Bauarbeiten verwendeten Arbeitstage und die von den Versicherten dabei verdienten vollen Gehälter und Löhne zu enthalten. Auch Naturalleistungen u. s. w. sind nachzuweisen (zu vergl. hierüber oben II A 3c). Ist für die Bauarbeit die Zahlung einer Gesammtsumme vereinbart, so ist der verdiente Lohn nach Maßgabe der in jedem Monat auf die Ausführung verwendeten Arbeitszeit zu berechnen. In den Nachweisungen sind der Gegenstand der Bauarbeit und die Art des Betriebs genau zu bezeichnen, insbesondere ob derselbe lediglich ein Handbetrieb ist oder unter Benutzung elementarer Kräfte erfolgt, ferner sind die verschiedenen Arten von Arbeiten (z. B. Maurer-, Zimmerer-, Dachdeckerarbeiten) und, wenn möglich, für jede Art die verwendeten Arbeitstage und Löhne getrennt anzugeben (Bek. des R.V.A., betr. die Nachweisungen von Regie-Bauarbeiten, nebst Anleitung vom 12. 12. 1887, A.N. 1888 S. 14, Handbuch S. 915.)

D. Das See-U.V.G. stellt ganz allgemein die Angabe von unrichtigen Thatsachen „in den auf Grund statutarischer oder gesetzlicher Bestimmungen eingereichten Nachweisungen oder in der auf Grund solcher Bestimmungen erforderten Auskunft" unter Strafe. Hierher gehören namentlich die im §. 103 Abs. 2 u. 3 des Gesetzes und im §. 40 des Statuts vorgeschriebenen Nachweisungen. Die Strafvorschrift richtet sich gegen Betriebsunternehmer, Mitrheder, Korrespondentrheder, Bevollmächtigte sowie die Schiffsführer.

III. Die Schuld. Wie oben im §. 3 erörtert, setzt die Straffestsetzung eine Schuld des zu Bestrafenden (Vorsatz oder Fahrlässigkeit) voraus. Das Vorhandensein dieses an sich selbstverständlichen Erfordernisses ist in den hier in Betracht kommenden gesetzlichen Vorschriften ausdrücklich vorgeschrieben. Hierzu gehört die Feststellung, daß die Unrichtigkeit der thatsächlichen Angaben dem zu Bestrafenden bekannt war oder bei Anwendung angemessener Sorgfalt nicht entgehen konnte.

IV. Die Strafe. Geldstrafe bis zu 500 Mark.

§. 8.

Unrichtige Angaben in den behufs Veranlagung der Betriebe zu den Klassen des Gefahrentarifs abgegebenen Erklärungen.

Geregelt durch §. 146 Ziff. 1 G.U.V.G., §. 156 L.U.V.G., §. 45 Abs. 2 B.U.V.G., §. 143 S.U.V.G.

I. Die mit Strafe bedrohte Handlung besteht in der Angabe unrichtiger Thatsachen in den Erklärungen, welche „den zuständigen Genossenschaftsorganen behufs Veranlagung der Betriebe zu den Klassen des Gefahrentarifs abgegeben" sind. Wie in den im §. 7 behandelten Fällen ist nicht Voraussetzung zur Anwendung der Strafvorschrift, daß der Unternehmer die unrichtigen Angaben selbst bewirkt hat, es genügt schon die Feststellung, daß die Unrichtigkeit in den Erklärungen thatsächlich enthalten ist, und den Unternehmer eine Schuld trifft. Die oben im §. 7 unter I gemachten Ausführungen gelten auch hier.

II. Die Veranlagung der Betriebe zu den Klassen des Gefahrentarifs ist für B.G. und Unternehmer von erheblichster Bedeutung, da sie eine der Grundlagen für die Beitragsberechnung und die Vertheilung der Last auf die Unternehmer bildet (§. 29 Abs. 1 G.U.V.G., §. 51 L.U.V.G., §. 13 Abs. 1 und §. 25 Abs. 2 B.U.V.G., §. 50 S.U.V.G.).

1. Gewerbe-Unfallversicherungsgesetz. Die Veranlagung der Betriebe zu den einzelnen Klassen des Ge-

fahrentarifs, dessen Aufstellung hier obligatorisch ist, liegt nach näherer Bestimmung des Statuts den Organen der Genossenschaft ob. Während der Tarifperiode kann eine Neuveranlagung erfolgen, wenn die vorige Veranlagung auf unrichtigen Angaben des Betriebsunternehmers beruhte (§. 49 Abs. 4). Ueber das bei der Einschätzung der Betriebe in die einzelnen Gefahrenklassen zu beobachtende Verfahren hat das Genossenschaftsstatut Bestimmung zu treffen (§. 37 Ziff. 5). Die Betriebsunternehmer haben auf Grund und nach Maßgabe der jeweiligen statutarischen Vorschriften binnen einer zu bestimmenden Frist über ihre Betriebsanlagen und -Einrichtungen sowie sonstige für die Einschätzung maßgebenden Verhältnisse dem in dem Statut vorgesehenen Genossenschaftsorgane (Vertrauensmanne, Sektionsvorstand oder Genossenschaftsvorstande) die erforderlichen Erklärungen abzugeben. Meistens wird die Beantwortung von Fragen verlangt, welche in einem Formular enthalten sind (zu vergl. Besch. 235, A.N. 1886 S. 276).

2. Unfallversicherungsgesetz für Land- und Forstwirthschaft.

Auch hier muß ein Gefahrentarif gebildet werden, es sei denn, daß die Beiträge nach dem Steuerfuß aufgebracht werden oder daß die einzelnen Betriebe einer Genossenschaft eine erhebliche Verschiedenheit der Unfallgefahr nicht bieten (§§. 57, 58 und §. 52 Abs. 7). Die Veranlagung der Betriebe zu den Gefahrenklassen liegt nach näherer Bestimmung des Statuts, welches das hierbei zu beobachtende Verfahren zu regeln hat, den Organen der Genossenschaft ob (§. 38 Abs. 2 Ziff. 6 und §. 54 Abs. 1). Die Mitglieder der Genossenschaft sind verpflichtet, diesen Organen auf Erfordern binnen zwei Wochen über ihre Betriebs- und Arbeiterverhältnisse diejenige Auskunft zu ertheilen, welche zur Durchführung der Veranlagung oder zur Neuveranlagung während der Tarifperiode (§. 58 Abs. 6) erforderlich ist. Dieselbe Verpflichtung besteht für die Revision der Veranlagung, die in denselben Terminen vorzunehmen ist, in welchen die Revision des Gefahrentarifs erfolgt. Diese Verpflichtung ist hier durch das Gesetz selbst

(§. 54 Abs. 2 u. §. 56) ausgesprochen, und die Erstattung unrichtiger Angaben in diesen Auskünften durch §. 156 noch besonders unter Strafe gestellt.

3. Bau-Unfallversicherungsgesetz. Hier finden die Vorschriften Anwendung, welche für das Gebiet des G.U.V.G. gelten (§. 13 Abs. 1, §. 14, vergl. auch §. 25 Abs. 2).

4. See-Unfallversicherungsgesetz. Auf dem Gebiete der See-Unfallversicherung kann durch Statut bestimmt werden, daß für die zur Genossenschaft gehörenden Betriebe je nach der Größe der mit denselben verbundenen Unfallgefahr entsprechende Gefahrenklassen zu bilden und über die Höhe der in denselben zu leistenden Beiträge Bestimmungen zu treffen sind. Enthält das Statut solche Bestimmungen, so muß es auch über das bei der Veranlagung zu den Klassen des Gefahrentarifs einzuschlagende Verfahren Vorschriften treffen (§. 50). Die Veranlagung liegt nach näherer Bestimmung des Statuts den Organen der Genossenschaft ob (§. 52 Abs. 1). Bei den Revisionen der Veranlagung ist in derselben Weise zu verfahren wie bei der ersten Veranlagung (§. 52 Abs. 2). Das Gleiche gilt für eine Neuveranlagung während der Tarifperiode, welche zulässig ist, wenn die vorige Veranlagung auf unrichtigen Angaben des Betriebsunternehmers beruhte (§. 53).

In allen diesen Fällen sind die Genossenschaftsmitglieder kraft Gesetzes (§. 52 Abs. 3) verpflichtet, den zuständigen Organen der Genossenschaft auf Erfordern binnen zwei Wochen diejenige Auskunft zu ertheilen, welche für die Veranlagung erforderlich ist. Dasselbe gilt von den Korrespondentrhedern und Bevollmächtigten sowie von dem Führer des betreffenden Fahrzeugs.

In engem Zusammenhange mit diesen Vorschriften stehen die Bestimmungen über die besondere Belastung einzelner Reisen. Auch hier sind die Mitglieder der Genossenschaft, Korrespondentrheder und Bevollmächtigten sowie die Schiffsführer verpflichtet, den Organen der Genossenschaft die für die Erhöhung der Beiträge erforderliche Auskunft zu ertheilen (§. 56 Abs. 1). Die Strafvorschrift des §. 148 trifft auch unrichtige Angaben in derartigen Auskünften.

III. Die Schuld: Hier gilt das im §. 7 unter III Gesagte.

IV. Strafe: Geldstrafe bis zu 500 Mark.

§. 9.

Unrichtige Angaben über den Zeitpunkt der Betriebseröffnung oder den Eintritt der Versicherungspflicht des Betriebs.

Geregelt durch §. 146 Ziff. 2 G.U.V.G., §. 45 Abs. 2 B.U.V.G. (Vorschriften im L.U.V.G. und S.U.V.G. fehlen).

I. Die mit Strafe bedrohte Handlung besteht in der Angabe eines späteren Tages der Eröffnung eines Betriebs oder des Beginns der Versicherungspflicht des Betriebs an Stelle desjenigen Tages, an welchem die Betriebseröffnung thatsächlich stattgefunden oder die Versicherungspflicht begonnen hat.

II. Die Verpflichtung zur Betriebsanmeldung liegt nach §. 56 des Gewerbe-U.V.G. jedem Unternehmer eines versicherungspflichtigen Betriebs ob, welcher nicht bereits angemeldet ist. Die Anzeige ist binnen einer Woche, nachdem der Unternehmer Mitglied einer B.G. geworden ist, der unteren Verwaltungsbehörde, in deren Bezirke der Betrieb belegen ist, zu erstatten. Falls es sich um einen neu begonnenen Betrieb handelt, welcher der Versicherung unterliegt, so ist der Tag der Eröffnung des Betriebs anzuzeigen. Falls der Betrieb bestanden, aber nachträglich erst versicherungspflichtig geworden ist (z. B. durch nachträgliche Inbetriebstellung eines Dampfkessels oder eines durch elementare oder thierische Kraft bewegten Triebwerks bei einem handwerksmäßigen Betrieb, oder durch Einstellung des 10. Arbeiters, §. 2 Abs. 2 u. 3 G.U.V.G.), so ist der Tag des Beginns der Versicherungspflicht anzuzeigen. Außer der Angabe über den bezeichneten Zeitpunkt hat die Anzeige noch weitere Thatsachen (Gegenstand und Art des

Betriebs, Zahl der versicherten Personen, die B.G., welcher der Betrieb angehört) zu enthalten. Unrichtige Angaben, welche diese Thatsachen (insbesondere die Zahl der versicherten Personen) betreffen, unterliegen nicht der Strafvorschrift des §. 146 Abs. 2 (zu vergl. auch Bf. v. 6. 7. 1891 I. 12186). Ferner ist nach dieser Vorschrift eine unrichtige Angabe über den Zeitpunkt der Betriebseinstellung nicht strafbar (Bf. v. 7. 12. 1889 I. 30376).

Das U.V.G. für Land- und Forstwirthschaft kennt eine Anmeldepflicht der Unternehmer nicht. Hier liegt der Gemeindebehörde, welche schon das nach §. 34 des früheren Gesetzes vom 5. Mai 1886 vorgeschriebene Unternehmerverzeichniß aufzustellen hatte (zu vergl. §. 53), die Pflicht ob, von der Eröffnung eines neuen Betriebs dem Genossenschaftsvorstande — durch Vermittelung der unteren Verwaltungsbehörde — Kenntniß zu geben (§. 67).

Das Bau-U.V.G. bestimmt, daß auf die Betriebsanmeldung die Vorschriften des G.U.V.G. (§. 56) entsprechende Anwendung zu finden haben (§. 17 B.U.V.G.).

Was insbesondere die Zwangsversicherung kleiner Unternehmer (sog. Kleinmeister) anlangt, so bestand eine solche bisher für das Gebiet der gewerblichen Versicherung nur im Rahmen des alten Bau-U.V.G. vom 11. 7. 1887. Diese zwangsselbstversicherten Unternehmer haben sich für ihre eigene Person zur Versicherung anzumelden, und das R.V.A. hat unrichtige Angaben über den Beginn der Versicherungspflicht als unter die Strafvorschrift des §. 103 U.V.G. (jetzt §. 146 G.U.V.G.) fallend erachtet (zu vergl. auch Pl.Beschl. v. 2. 1. 1889 Nr. III u. Handbuch Anm. 2 Abs. 2 zu §. 49 B.U.V.G.).

Das See-U.V.G. enthält die Vorschrift, daß die Schiffsregister- und Schiffsvermessungsbehörden von Vermessungen und Eintragungen neuer Fahrzeuge, und die Unternehmer von der Eröffnung anderer unter §. 1 des Gesetzes fallender Betriebe dem G.V. — letztere durch Vermittelung der unteren Verwaltungsbehörden — Mittheilung zu machen haben (§. 58 Abs. 2). Da diese Mittheilung weder unter den Begriff „Nachweisung" noch unter den der „Auskunft" fällt, so ist es zweifelhaft, ob hier die Strafvorschrift des §. 143 auf die Unternehmer zur Anwendung kommen kann.

III. Schuld. Hier gilt das im §. 7 unter III Gesagte.

IV. Strafe. Geldstrafe bis zu 500 Mark.

§. 10.

Unrichtige Angaben über den Unternehmerwechsel und über Betriebsveränderungen.

Geregelt durch §. 156 des L.U.V.G. Sondervorschrift dieses Gesetzes.

I. Die strafbare Handlung besteht in unrichtigen Angaben in den gemäß §§. 68 u. 69 des Gesetzes erstatteten Anzeigen und Anmeldungen.

1. Der §. 68 schreibt vor, daß jeder Wechsel in der Person desjenigen, für dessen Rechnung der Betrieb erfolgt, von dem Unternehmer binnen einer durch das Statut festzusetzenden Frist dem G.V. anzuzeigen ist.

2. Der §. 69 betrifft die Anmeldung von Aenderungen in dem Betriebe, welche für die Zugehörigkeit desselben zur Genossenschaft oder für die Umlegung der Beiträge (§§. 36, 51 bis 53, 57, 58) von Bedeutung sind. Das Nähere über den Inhalt der Anmeldungen hat das Genossenschaftsstatut zu regeln.

II. Ein Unternehmerwechsel liegt nicht nur vor, wenn der Betrieb durch Vertrag oder im Erbgang auf andere Personen übergeht und von diesen fortgeführt wird, sondern auch dann, wenn eine oder mehrere Personen als Mitunternehmer (Gesellschafter) in das Unternehmen eintreten. Dagegen ist ein solcher nicht anzunehmen, wenn mit Eröffnung des Konkurses über das Vermögen des Unternehmers der Konkursverwalter die Fortführung des Betriebs übernimmt (zu vergl. oben §. 2 unter IV).

III. Als Betriebsveränderungen, welche für die Zugehörigkeit des Betriebs zur Genossenschaft von Bedeutung sind, haben nicht nur ganz vorübergehende Veränderungen zu gelten, sondern nur solche von längerer Dauer. Die Verpflichtung zur Anmeldung von Betriebsveränderungen bezieht sich auch namentlich auf die landwirthschaftlichen Nebenbetriebe, d. h. solche Unternehmungen, welche der Unternehmer eines land- oder forstwirthschaftlichen Betriebs neben seiner Land- oder Forstwirthschaft, aber in wirthschaftlicher Abhängigkeit von derselben betreibt (§. 1 Abs. 2). Als solche Veränderungen kommen hier namentlich in Frage die Einstellung einer größeren Zahl gewerblicher Arbeiter oder die Einführung besonderer maschineller Einrichtungen, falls dadurch die Loslösung des Nebenbetriebs von der Landwirthschaft und die Unterstellung dieses Betriebs unter das G.U.V.G. bedingt wird (§. 1 Abs. 3 Ziff. 2).

Als Betriebsveränderungen, welche für die Umlegung der Beiträge von Bedeutung sind, kommen solche in Betracht, welche eine anderweitige Stellungnahme der B.G. hinsichtlich der Beitragsberechnung oder der Einschätzung der Betriebe in die Gefahrenklassen erfordern (z. B. regelmäßige Beschäftigung von Lohnarbeitern, die früher nur ausnahmsweise beschäftigt wurden — zu vergl. §. 36 —, die Vermehrung der Zahl der in dem Betriebe beschäftigten Personen, die Vereinigung mehrerer Betriebe, wenn diese eine erhebliche Verringerung des Arbeiterbedarfs mit sich bringt, die Benutzung gefährlicher Maschinen u. dergl.).

IV. Die Schuld. Es gilt hier das im §. 7 unter III Gesagte.

V. Strafe: Geldstrafe bis zu 500 Mark.

§. 11.

Zuwiderhandlungen gegen die Verpflichtung zur Anmeldung der Betriebe und Betriebsveränderungen.

Geregelt durch §. 147 G.U.V.G., §. 157 L.U.V.G., §. 45 Abs. 2 B.U.V.G., §. 144 S.U.V.G.

I. Die strafbare Handlung besteht in der Nichterfüllung[1]) oder nicht rechtzeitigen Erfüllung der den Betriebsunternehmern obliegenden Verpflichtungen in Betreff der Anmeldung der Betriebe und Betriebsveränderungen.

A. Das Gewerbe-U.V.G. bestimmt bezüglich dieser Verpflichtungen Folgendes:

a) Zum Zwecke der Ermittelung der versicherungspflichtigen Betriebe hat jeder Unternehmer eines durch das G.U.V.G. für versicherungspflichtig erklärten,[2]) bisher der reichsgesetzlichen U.V. nicht unterstellten Betriebs diesen binnen einer von dem R.V.A. zu bestimmenden und öffentlich bekannt zu machenden Frist unter Angabe des Gegenstandes und der Art desselben sowie die Zahl der durchschnittlich darin beschäftigten versicherungspflichtigen Personen bei der unteren Verwaltungsbehörde anzumelden (§. 35 Abs. 1). Die Frist ist durch Bekanntmachung des R.V.A. v. 1. Oktober 1900 auf den 15. November 1900 festgesetzt worden (A.N. 1900 S. 707).

b) Jeder Unternehmer eines versicherungspflichtigen Betriebs, welcher diesen nicht bereits — nach §. 35 G.U.V.G., §§. 11 oder 35 des alten U.V.G. — angemeldet hat, ist verpflichtet, binnen einer Woche, nachdem er Mitglied einer Genossenschaft geworden ist — also einen von Anfang an versicherungspflichtigen Betrieb eröffnet oder einen bisher unversicherten Betrieb versicherungspflichtig gestaltet hat —, der unteren Verwaltungsbehörde, in deren Bezirke der Betrieb belegen ist, eine Anzeige zu erstatten, welche Gegenstand und Art des Betriebs, die Zahl der versicherten Personen, und die Berufsgenossenschaft, welcher der Betrieb angehört, zu enthalten hat. Außerdem ist der Tag der Eröffnung des Be-

---

[1]) So Vf. v. 9. 4. 1889 I. 4764.

[2]) Der Zeitpunkt, von welchem ab die U.V. für solche Betriebszweige in Kraft tritt, welche durch §§. 1, 2 G.U.V.G. u. §§. 152 ff. S.U.V.G. der U.V. neu unterstellt sind, wird durch Kaiserl. Verordnung bestimmt (zu vergl. §. 25 Abs. 1 des H.G.).

triebs bezw. des Beginns der Versicherungspflicht anzugeben, sofern es sich um einen nach dem Inkrafttreten des G.U.V.G. (für die neu der reichsgesetzlichen U.V. unterstellten Betriebe) oder der früheren gesetzlichen Bestimmungen (für andere Betriebe) neu begonnenen oder versicherungspflichtig gewordenen Betrieb handelt. Die Anzeige ist in zwei Exemplaren einzureichen (§. 56 Abs. 1).

c) Jeder Unternehmer ist verpflichtet, Aenderungen seines Betriebs, welche für die Zugehörigkeit zu einer Genossenschaft von Bedeutung sind, dem G.V. binnen einer durch das Statut festzusetzenden Frist anzuzeigen (§. 61 Abs. 1). Das Statut hat auch über das Verfahren bei Betriebsveränderungen Bestimmungen zu treffen (§. 37 Ziff. 6). Die Statuten schreiben in der Regel eine Frist von zwei Wochen nach Eintritt der Aenderung vor, ferner ist vielfach durch die Statuten vorgesehen, daß sich die Unternehmer hierbei der Vermittelung des Sektionsvorstandes oder des Vertrauensmanns bedienen können. Ergeben sich Zweifel, ob die Betriebsveränderung von der Bedeutung ist, daß sie der Anmeldung bedarf, so ist, wenn dieser Zweifel durch Befragen des Sektionsvorstandes oder Vertrauensmanns nicht beseitigt wird, die Betriebsveränderung anzumelden.

d) Die Unternehmer sind verpflichtet, die statutarischen Vorschriften in Betreff der Anmeldung von Betriebsänderungen, die für die Einschätzung zu den Klassen des Gefahrentarifs von Bedeutung sind, zu beobachten (§. 62). Auch für diesen Fall ist durch die Statuten in der Regel eine Frist von zwei Wochen nach Eintritt der Aenderung vorgeschrieben. Die unter c weiter erwähnten regelmäßigen Bestimmungen der Statuten über die Möglichkeit, sich der Vermittelung des Sektionsvorstandes oder Vertrauensmanns zu bedienen, und die Behandlung der Zweifelsfälle gelten auch in diesem Falle. Die Frage, welche Betriebsänderungen hier in Betracht kommen, ist im Allgemeinen nach dem Inhalte der verschiedenen Gefahrentarife zu entscheiden. Auch hier ist zu beachten, daß die Aenderungen einigermaßen dauernde, und nicht bloß vorübergehende sein müssen.

B. Das U.V.G. für Land- und Forstwirthschaft kennt, wie bereits oben im §. 9 unter II erwähnt, keine Verpflichtung der Unternehmer zur Betriebsanmeldung, welche Aufgabe hier den Gemeindebehörden auferlegt ist (§. 67), wohl aber eine Verpflichtung zur Anmeldung von Aenderungen in dem Betriebe, welche für die Zugehörigkeit desselben zur Genossenschaft oder für die Umlegung der Beiträge von Bedeutung sind. Das Gesetz bestimmt, daß hierüber sowie über das weitere Verfahren das Genossenschaftsstatut Bestimmungen zu treffen habe (§. 38 Abs. 2 Ziff. 7 u. §. 69). Zu vergl. das Nähere oben §. 10 unter I Ziff. 2 und unter III.

C. Das Bau-U.V.G. verweist in dem §. 17 lediglich auf die Vorschriften des G.U.V.G. Was die Anmeldung der zwangsweise selbstversicherten kleinen Unternehmer (sog. Kleinmeister) anlangt (zu vergl. oben §. 9 zu II Abs. 4), so enthalten bisher fast alle Statuten bezw. Nebenstatuten der Baugewerks-B.Gn. und der Tiefbau-B.G. die Bestimmung, daß diese Unternehmer sich innerhalb einer bestimmten Frist nach Beginn ihres Gewerbebetriebs oder nach Beginn der Versicherungspflicht unter Angabe des Gegenstandes ihres Betriebs, ihres durchschnittlichen Tagesverdienstes (bezw. der durchschnittlichen Zahl der Tagewerke) anzumelden haben, und daß diejenigen Gewerbetreibenden, welche die Anmeldung nicht rechtzeitig oder nicht vollständig oder nicht der Wahrheit gemäß gemacht haben, der im §. 104 des U.V.G. (jetzt §. 147 G.U.V.G.) vorgesehenen Strafe unterliegen (zu vergl. auch Pl.Beschl. v. 2. 1. 1889 Nr. III und Handbuch Anm. 2 Abs. 2 zu §. 49 B.U.V.G.).

D. Das See-U.V.G. hebt im §. 144 besonders die Verpflichtung zur Anmeldung von Betriebsveränderungen hervor, geht aber im Uebrigen weiter als die andern U.V.Ge. (zu vergl. hierüber unten §. 16). Der Inhalt der Verpflichtung ergiebt sich aus den §§. 62—64 des

Gesetzes und aus dem Statut der B.G. (zu vergl. §. 37 Abs. 2 Ziff. 6).

II. Die Schuld. Obwohl das Gesetz eine ausdrückliche Vorschrift über das Vorhandensein von einem Verschulden des zu Bestrafenden nicht enthält, ist auch für diese Fälle daran festzuhalten, daß eine Bestrafung nur dann erfolgen darf, wenn ein schuldhaftes Verhalten des Zuwiderhandelnden (d. h. Vorsatz oder Fahrlässigkeit) vorliegt. Zu vergl. das Nähere oben §. 3.

III. Die Strafe: Geldstrafe bis zu 300 Mark.

§. 12.

Zuwiderhandlungen gegen die Verpflichtung zur Führung und Aufbewahrung von Lohnlisten (Lohnbüchern).

Geregelt durch §. 147 G.U.V.G., §. 45 Abs. 2 B.U.V.G. (L.U.V.G. u. S.U.V.G. enthalten keine Vorschrift.[1])

I. Die strafbare Handlung besteht in der Unterlassung der Führung oder der Aufbewahrung der Lohnlisten (Lohnbücher) sowie in der nicht rechtzeitigen Führung oder der vorzeitigen Vernichtung dieser Listen und Bücher.

Die Führung ordentlicher Lohnbücher ist für die gesammte genossenschaftliche Verwaltung von höchster Bedeutung. Ohne sie ist die Aufstellung richtiger Nachweisungen für die Zwecke der Beitragsberechnung erschwert oder unmöglich, die Prüfung dieser Nachweisungen nur mit zeitraubenden und kostspieligen Ermittelungen anderer Art zu erreichen, und selbst die Richtigkeit der Rentenfestsetzungen gefährdet.

II. Die Lohnlisten (Lohnbücher) sollen vornehmlich dazu dienen, daß aus ihnen die dem G.V. einzureichenden Gehalts-

---

[1]) Das S.U.V.G. läßt zwar im §. 103 Abs. 3 eine statutarische Vorschrift über die fortlaufende Führung und die Aufbewahrung von Lohnlisten (Lohnbüchern) zu, sieht aber im §. 144 eine Bestrafung für die Zuwiderhandlung gegen diese Vorschrift nicht vor.

und Lohnnachweisungen entnommen werden. Auch haben sie den Zweck, daß die Eintragungen in den Listen zur Nachprüfung der Nachweisungen und bei etwaigen Streitigkeiten als Beweismittel dienen. Durch das Statut kann die Führung dieser Listen (Bücher) bindend vorgeschrieben, auch bestimmt werden, daß sie drei Jahre lang aufzubewahren seien (§. 99 Abs. 3 G.U.V.G., §. 38 Abs. 2 B.U.V.G.). Das Statut kann auch vorschreiben, daß der Unternehmer, falls der Betrieb zu verschiedenen Gefahrenklassen veranlagt ist, entsprechend getrennte Lohnlisten zu führen und hiernach die Gehälter und Löhne getrennt nachzuweisen hat.

III. Die zwangsweise selbstversicherten Unternehmer des Baugewerbes (s. oben §. 9 unter II u. §. 11 unter I C) haben nach fast allen Statuten (Nebenstatuten) der Baugewerks-B.Gn. und der Tiefbau-B.G. sog. Beschäftigungsbücher zu führen, in welche der eigene Arbeitsverdienst und die Zahl der eigenen Arbeitstage, bei der Hannoverschen Baugewerks-B.G. auch die Namen der Auftraggeber, einzutragen sind. Die Statuten der B.Gn., welche diese Versicherung bei den Genossenschaften selbst stattfinden lassen, enthalten bisher die Bestimmung, daß im Falle der Zuwiderhandlung die Gewerbetreibenden denjenigen Strafvorschriften unterliegen, welche „für die Genossenschaftsmitglieder bezüglich der Führung von revisionsfähigen Lohnlisten im Gesetz oder Statut vorgeschrieben sind".

IV. Schuld und Strafe wie oben im §. 11.

§. 13.

Zuwiderhandlungen gegen die Verpflichtung zur Einreichung der Arbeiter- und Lohn- (Gehalts-) nachweisungen und zur Erstattung von Auskünften ähnlicher Art.

Geregelt durch §. 147 G.U.V.G., §. 157 L.U.V.G., §. 45 Abs. 2 B.U.V.G., §. 144 S.U.V.G.

I. Die strafbare Handlung besteht in der **Nichteinreichung** oder **nicht rechtzeitigen Einreichung** der **Arbeiter- und Lohn- (Gehalts-) nachweisungen** und **ähnlicher Nachweisungen** und in der **Nichterstattung** oder **nicht rechtzeitigen Erstattung** gewisser **Auskünfte** ähnlicher Art.

II. Die verschiedenen U.V.Ge. gehen bezüglich der hier in Betracht kommenden Nachweisungen und Auskünfte mehrfach auseinander.

A. Das **Gewerbe-U.V.G.** hat die „Arbeiter- und Lohnnachweisungen" — richtiger Arbeiter-, Gehalts- und Lohnnachweisungen — im Auge, welche einmal zum Zwecke der **Entschädigungsberechnung** (§. 74), und sodann zum Zwecke der **Beitragsberechnung** (§. 99) einzureichen sind. Von dem nothwendigen Inhalte dieser Nachweisungen ist oben im §. 7 unter II die Rede gewesen. Was den **Zeitpunkt** anlangt, in welchem die Verpflichtung zu erfüllen ist, so bestimmt:

1. §. 74, daß die Gehalts- und Lohnnachweisungen, welche zur Feststellung der Entschädigung erforderlich sind, auf Erfordern der Behörden und der Feststellungsorgane[1]) **binnen einer Woche** zu liefern sind;

2. §. 99, daß die für die Beitragsberechnung erforderlichen Nachweisungen (der anrechnungsfähigen bezw. wirklich verdienten Gehälter und Löhne unter Angabe der Gefahrenklasse) **binnen sechs Wochen nach Ablauf des Rechnungsjahrs** — d. i. bis zum 11. Februar eines jeden Jahres — dem Genossenschaftsvorstande einzureichen sind. Der 11. Februar ist in die Frist eingeschlossen, fällt dieser Tag auf einen Sonntag oder allgemeinen Feiertag, so endigt die Frist erst mit dem Ablaufe des nachfolgenden Werktags (§. 193 B.G.B., auch Besch. 1359, A.N. 1894 S. 294). Das Statut kann bestimmen, daß die Lohnnachweisungen viertel- oder halb-

---

[1]) Die Verpflichtung liegt den Mitgliedern der Genossenschaft ob. Eine Verpflichtung der B.G., die Aufforderung der Genossenschaftsmitglieder mittelst Einschreibesendungen zu bewirken, besteht nicht (Bf. v. 13. 1. 1900 I. 33524/99).

jährlich einzureichen sind. Die Bestimmung noch anderer Termine ist unzulässig.

Eine Verpflichtung zur Einreichung derartiger Nachweisungen besteht nicht:

a) soweit für kleinere Betriebe (in welchen regelmäßig nicht mehr als fünf Arbeiter beschäftigt werden) nach Statut Pauschbeträge statt der Einzellöhne der Berechnung der Beiträge zu Grunde zu legen sind;
b) soweit ebenfalls für derartige kleinere Betriebe durch Statut die Entrichtung von einheitlichen Mindestbeiträgen (die je vier Mark jährlich nicht übersteigen dürfen) zugelassen ist (§. 30 Abs. 2).

Im Uebrigen bedarf es, was die Anwendung der Strafvorschrift anlangt, noch folgender Bemerkungen:

a) die Verpflichtung zur Einreichung der bezeichneten Nachweisungen hat zur Voraussetzung, daß die Zugehörigkeit des Unternehmers zur B.G. feststeht (Besch. 653, A.N. 1889 S. 119). Demzufolge wird im Bestreitungsfalle zu ermitteln sein, ob ein Mitgliedschein ertheilt worden ist oder nicht, oder ob gegen die Aufnahme in das Kataster gemäß §. 59 G.U.V.G. Beschwerde bei dem R.V.A. (L.V.A.) erhoben ist. Schwebt dort eine Katasterbeschwerde, so empfiehlt es sich, das Verfahren bezüglich der Strafbeschwerde bis zur Erledigung der Katasterfrage auszusetzen;
b) ist bereits wegen nicht rechtzeitiger Betriebsanmeldung eine Strafe verhängt, so ist weitere Bestrafung wegen Nichteinreichung der Gehalts- und Lohnnachweisung unzulässig (zu vergl. oben §. 4 unter III);
c) die Strafvorschrift des §. 147 G.U.V.G. ist von dem R.V.A. nicht für anwendbar erachtet worden auf Genossenschaftsmitglieder, die im abgelaufenen Rechnungsjahre versicherungspflichtige Personen überhaupt nicht beschäftigt haben und eine Anzeige dieser Thatsache (sog. Fehl- oder Vakatanzeige) unterlassen. Stellt es sich in dem eine Straffestsetzung aus §§. 99 u. 147 G.U.V.G. betreffenden Beschwerdeverfahren heraus,

daß der Unternehmer versicherungspflichtige Personen nicht beschäftigte, so hat das R.V.A. die Straffestsetzung nicht aufrecht erhalten, selbst wenn die Erstattung einer Fehlanzeige durch das Statut unter Strafe gestellt war (Handbuch Anm. 11 zu §. 104 U.V.G.).

B. Für das U.V.G. für Land- und Forstwirthschaft kommen folgende Auskünfte und Nachweisungen hier in Betracht:

1. die Auskunft, deren Ertheilung zwecks Durchführung der Veranlagung der Betriebe zu den Gefahrenklassen und zwecks Abschätzung des Arbeitsbedarfs auch bei den Revisionen und bei Neuveranlagungen während der Tarifperiode erforderlich ist. Die Auskunft ist von den Mitgliedern der B.G. den Organen derselben auf Erfordern binnen zwei Wochen zu ertheilen (§. 54 Abs. 2, §. 55 Abs. 6 u. §. 56 Abs. 1). Ferner gehören hierher Auskünfte, die gemäß §. 56 Abs. 2 von der Gemeindebehörde gefordert werden. Die Ertheilung dieser Auskunft kann von der Gemeindebehörde außerdem durch Exekutivstrafen im Betrage bis zu 100 Mark erzwungen werden;

2. die Nachweisungen der Gehälter und Löhne der Betriebsbeamten und der anderen im §. 1 Abs. 6 bezeichneten technisch vorgebildeten Personen. Die Einreichung dieser Nachweisungen hat bei dem G.V. binnen sechs Wochen nach Ablauf des Rechnungsjahrs — also bis einschließlich 11. Februar eines jeden Jahres — zu geschehen (§. 108).[1]) Vergl. im Uebrigen das im §. 7 unter II B Ausgeführte;

3. die Gehalts- und Lohnnachweisungen, welche zur Feststellung der Entschädigung erforderlich sind. Diese Nachweisungen sind — ebenso wie nach dem G.U.V.G. — auf Erfordern der Behörden oder der Entschädigungsorgane von den Genossenschaftsmitgliedern auf Erfordern binnen einer Woche zu liefern (§. 80).

C. Auf dem Gebiete des Bau-U.V.G. gelten dieselben Vorschriften wie auf dem Gebiete des G.U.V.G., nur sind hier noch die für die Berechnung der Prämien maßgebenden Nachweisungen — nämlich die Regiebau-Nachweisungen — beson-

---

[1]) Tritt erst am 1. 1. 1902 in Kraft, §. 25 Abs. 2 H.G.

ders hervorzuheben (§. 45 Abs. 2). Das Nähere bezüglich der Regiebau-Nachweisungen ist im §. 7 unter II C erörtert worden. Hier ist nur noch zu erwähnen, daß diese Nachweisungen längstens binnen drei Tagen nach Ablauf eines jeden Monats der von der Landes-Zentralbehörde bestimmten Behörde (meistens Gemeindebehörde, Ortsvorsteher, Bezirksämter, Bürgermeistereien) einzureichen sind (§. 24 Abs. 1). Ist der dritte Tag des Monats ein Sonntag oder allgemeiner Feiertag, so endigt die Frist zur Vorlegung der Nachweisung mit Ablauf des nächstfolgenden Werktags (Ziff. 11 der Anleitung in Betreff der Nachweisungen von Regie-Bauarbeiten vom 12. 12. 1887, Handbuch S. 915).

Die Verpflichtung zur Einreichung von Gehalts- und Lohnnachweisungen zum Zwecke der Feststellung der Entschädigungen (§. 74 des G.U.V.G.) erstreckt sich auch auf Unternehmer, welche nicht Mitglieder der B.G. sind (§. 37 Abs. 2 B.U.V.G.).

Was die strafrechtliche Behandlung der zwangsweise selbstversicherten Unternehmer angeht, welche ihren Verpflichtungen in Betreff der Einreichung der Nachweisungen ihrer eigenen Tagewerke und ihres Arbeitsverdienstes nicht oder nicht rechtzeitig nachkommen, so wird hier auf die Ausführungen im §. 7 unter II A 3e verwiesen.

D. Auf dem Gebiete des See-U. V. G. sind hierher namentlich die in den §§. 103 Abs. 2 u. 3 des Gesetzes und im §. 40 des Statuts vorgeschriebenen Nachweisungen zu zählen. Im Uebrigen vergl. unten §. 16.

III. Schuld und Strafe wie im §. 11 zu II u. III.

§. 14.

Zuwiderhandlungen gegen die für Betriebseinstellungen und für den Wechsel des Betriebsunternehmers gegebenen statutarischen Vorschriften.

Geregelt durch §. 147 Abs. 1 G.U.V.G., §. 157 Abs. 1 L.U.V.G., §. 45 Abs. 2 B.U.V.G., §. 144 S.U.V.G.

I. Die mit Strafe bedrohte Handlung besteht in der Nichterfüllung oder der nicht rechtzeitigen Erfüllung derjenigen Verpflichtungen, welche das Statut von den Betriebsunternehmern für die Fälle der Betriebseinstellung oder des Unternehmerwechsels[1]) von ihm verlangt. Ueber die Anzeigen und die Fristen, die hierbei zu beobachten sind, hat das Statut Bestimmungen zu treffen. (§. 37 Ziff. 7 G.U.V.G., §. 38 Abs. 2 Ziff. 8 L.U.V.G., §. 14 B.U.V.G., §. 37 Abs. 7 S.U.V.G., zu vergl. auch §. 60 Abs. 2 G.U.V.G., §. 68 L.U.V.G., §. 17 B.U.V.G., §§. 62, 63 S.U.V.G.).

II. Die statutarischen Bestimmungen der gewerblichen B.Gn. gehen im Allgemeinen dahin:

1. Ist der Betrieb eingestellt worden, so hat der Unternehmer hiervon (binnen zwei Wochen) dem Genossenschaftsvorstande (unter Bezeichnung der Katasternummer und) unter Rückgabe des Mitgliedscheins schriftlich Nachricht zu geben; er kann sich hierbei der Vermittelung des Vertrauensmanns (Sektionsvorstandes) bedienen.

Ferner ist für diesen Fall in der Regel in den Statuten vorgeschrieben, daß der Unternehmer zur Hinterlegung einer Kaution für die demnächst auf ihn entfallenden Beiträge und binnen einer gewissen Frist (in der Regel vier Wochen) nach der Betriebseinstellung für die Zeit vom Ablaufe des letzten Rechnungsjahrs bis zum Tage der Einstellung zur Einreichung der im §. 99 Abs. 2 G.U.V.G. bezeichneten Nachweisungen verpflichtet ist. Die Nicht- oder nicht rechtzeitige Erfüllung dieser Verpflichtungen unterliegt ebenfalls den Strafvorschriften des §. 147 Abs. 1 G.U.V.G.

Besonders hervorzuheben ist, daß als Betriebseinstellung vorübergehende oder periodisch wiederkehrende Betriebsunterbrechungen nicht angesehen werden können.

2. Jeder Wechsel in der Person desjenigen, für dessen Rechnung der Betrieb erfolgt,

---

[1]) Bezüglich des S.U.V.G. zu vergl. unter III.

ist von dem Unternehmer oder seinem gesetzlichen Vertreter binnen einer Frist von (zwei) Wochen dem Genossenschaftsvorstande (ev. durch Vermittelung des Sektionsvorstandes oder Vertrauensmanns) schriftlich anzuzeigen. Mit der Anzeige ist der Mitgliedschein des bisherigen Unternehmers zurückzureichen.

Die oben erwähnten Vorschriften über die Verpflichtung der Unternehmer zur Kautionsleistung und vorzeitiger Einreichung der Gehalts- und Lohnnachweisungen finden entsprechende Anwendung.

Besonders zu bemerken ist, daß sich mit der Konkurseröffnung über das Vermögen eines Genossenschaftsmitgliedes nicht etwa ein Wechsel in der Person des Unternehmers vollzieht. Es gilt vielmehr der Gemeinschuldner nach wie vor als der Unternehmer, er wird nur von der Konkurseröffnung an durch den Konkursverwalter gesetzlich vertreten, falls der Betrieb überhaupt fortgesetzt wird. Wird der Betrieb nicht fortgesetzt, so liegt eine Betriebseinstellung vor, für deren Anzeige, je nachdem sie vor oder nach der Konkurseröffnung bewirkt worden ist, der Gemeinschuldner oder der Konkursverwalter verantwortlich ist (zu vergl. auch oben §. 2 unter IV). Ein Wechsel in der Person des Unternehmers liegt dagegen vor, wenn der Eigenthümer eines verpachteten Betriebs diesen in eigene Bewirthschaftung nimmt.

III. Die Statuten der landwirthschaftlichen B.Gn. und das Statut der See-B.G. enthalten entsprechende Vorschriften.

Bezüglich des L.U.V.G. ist noch daran zu erinnern, daß das Gesetz selbst im §. 157 Abs. 1 noch ausdrücklich die Anzeigen in den Fällen des §. 68 — d. h. die Anzeige des Unternehmerwechsels — hervorhebt und die nicht rechtzeitige Erstattung dieser Anzeige unter Strafe stellt.

In dem S.U.V.G. fehlt eine Strafvorschrift für die nicht rechtzeitige Anzeige des Unternehmerwechsels (zu vergl. §. 62 Abs. 3).

Ueber die Verpflichtung der Rheder ꝛc. zur Anzeige von Veränderungen in der Person des Bevollmächtigten vergl. unten §. 16 zu III Ziff. 1.

IV. Schuld und Strafe wie im §. 11 zu II u. III.

§. 15.

Zuwiderhandlungen gegen die Verpflichtung zur Unfallanzeige.

Geregelt durch §. 147 Abs. 2 G.U.V.G., §. 157 Abs. 2 L.U.V.G., §. 45 Abs. 2 B.U.V.G., §. 144 Abs. 2 a—d S.U.V.G.

I. Die strafbare Handlung besteht in der Unterlassung der gesetzlich vorgeschriebenen Unfallanzeige oder in der Versäumung der für die Erstattung dieser Anzeige gesetzlich vorgeschriebenen Frist.[1])

Strafbar ist derjenige, welcher zu der Anzeige verpflichtet war.

II. Das G.U.V.G., das L.U.V.G. und das B.U.V.G. schreiben vor:

1. daß von jedem in einem versicherten Betriebe vorkommenden Unfalle, durch welchen eine in demselben beschäftigte Person getödtet wird oder eine Körperverletzung erleidet, welche eine völlige oder theilweise Arbeitsunfähigkeit von mehr als drei Tagen oder den Tod zur Folge hat, von dem Betriebsunternehmer

a) bei der Ortspolizeibehörde[2]) und

b) dem durch Statut zu bestimmenden Genossenschaftsorgane

schriftlich (nach dem L.U.V.G. „schriftlich oder mündlich") Anzeige zu erstatten ist;

[1]) Bezüglich der Abweichungen auf dem Gebiete der See-U.V. siehe unter III.

[2]) Und zwar bei der Polizeibehörde des Unfallorts, wenn sich der Unfall innerhalb des Reichsgebiets, aber nicht an dem Orte des Betriebssitzes ereignet hat; und, wenn sich der Unfall im Ausland ereignet hat, bei der Polizeibehörde des inländischen Betriebssitzes (Handbuch Anm. 1 zu §. 51 U.V.G.).

2. daß die Anzeige **binnen drei Tagen** nach dem Tage zu erfolgen hat, an welchem der Betriebsunternehmer von dem Unfalle **Kenntniß** erlangt hat;

3. daß für den Betriebsunternehmer derjenige, welcher zur Zeit des Unfalls den Betrieb oder den Betriebstheil, in welchem sich der Unfall ereignete, zu leiten hatte, die Anzeige erstatten **kann**, und daß er im Falle der Abwesenheit oder Behinderung des Unternehmers dazu **verpflichtet** ist.

Die Vorstände der unter Reichs- oder Staatsverwaltung stehenden Betriebe haben die Anzeige der vorgesetzten Dienstbehörde nach näherer Anweisung derselben zu erstatten.

Für die Anzeige ist ein vom R.V.A. festgestelltes Formular zu benutzen (zu vergl. Bekanntmachung des R.V.A. v. 1. 10. 1900, A.N. 1900 S. 710).

§. 63 G.U.V.G., §. 70 L.U.V.G., §. 37 Abs. 1 B.U.V.G.

Aus den vorstehenden gesetzlichen Bestimmungen ergiebt sich Folgendes:

1. Strafbar ist nicht nur die Versäumung der Anzeige bei der Ortspolizeibehörde, sondern auch — was bisher nur statutarisch mit Strafe bedroht werden konnte (Handbuch Anm. 17 zu §. 104 U.V.G.) — die Versäumung der Anzeige bei dem zuständigen Genossenschaftsorgane.

2. Eine Verpflichtung zur Unfallanzeige ist hiernach nicht etwa auch Krankenkassen gegenüber begründet, welche ein Interesse daran haben, sich darüber Kenntniß zu verschaffen, welche Erkrankungen auf Unfälle zurückzuführen sind.

3. Die Anzeigepflicht bezieht sich nur auf **Unfälle, nicht auf bloße Erkrankungen**. Eine allgemeine Verpflichtung der Unternehmer, bei jeder Erkrankung eines Arbeiters eingehende Ermittelungen darüber anzustellen, ob diese mit einem möglicher Weise als Unfall anzusehenden Betriebsvorgang ursächlich zusammenhängt, besteht nicht. Eine Pflicht zur Anstellung von Ermittelungen ist nur dann anzuerkennen, wenn nach den obwaltenden Umständen die Möglichkeit des ursächlichen Zusammenhanges zwischen der Erkrankung und einem Betriebsunfalle gegeben ist.

4. Die Anzeigepflicht erstreckt sich auf jeden in dem Betriebe vorgekommenen Unfall, welcher die in dem Gesetze bezeichneten Folgen hatte, ohne Rücksicht darauf, ob der Unfall nach Maßgabe der U.V.Ge. zu entschädigen ist oder nicht (Handbuch Anm. 16 zu §. 104 U.V.G.).

Bestehen Zweifel, ob sich der Unfall „beim Betriebe" ereignet hat, so empfiehlt es sich, die Anzeige in jedem Falle zu erstatten (Handbuch Anm. 4 Abs. 3 zu §. 51 U.V.G.).

5. Hat sich der Unfall in einem Betriebe vor dessen Aufnahme in das Kataster einer B.G. ereignet, so sind die Anzeigen unverzüglich nach Behändigung des Mitgliedscheins zu bewirken, die Verzögerung der Anzeige bis zu diesem Zeitpunkte stellt eine besondere Strafthat neben der unterlassenen Betriebsanmeldung nicht dar (zu vergl. oben §. 4 zu III).

6. Stellt sich nachträglich heraus, daß die Arbeitsunfähigkeit eines Verletzten mehr als drei Tage dauert, so läuft die Anzeigefrist von dem Tage an, an welchem diese Thatsache dem Verpflichteten erkennbar geworden ist (Handbuch Anm. 3 zu §. 51 U.V.G.).

7. Die Anzeigepflicht liegt in erster Linie dem Unternehmer selbst ob, er ist verantwortlich, auch wenn er die Besorgung der Angelegenheit einem Angestellten übertragen hat. Die Anschaffung der erforderlichen Formulare ist Sache der Unternehmer.

Bei Unfällen, welche sich bei der Ausführung von Regiebauarbeiten ereignen, liegt die Verpflichtung zur Unfallanzeige den Regiebau-Unternehmern ob (Handbuch Anm. 2 zu §. 37 B.U.V.G.).

Die kleinen Unternehmer, auf welche die Versicherungspflicht ausgedehnt worden ist, sind zur Anzeige derjenigen Unfälle, die sie selbst erleiden, verpflichtet (zu vergl. auch Handbuch Anm. 1 zu §. 55 L.U.V.G.).

Ob ein Fall der „Abwesenheit" oder „Behinderung" vorliegt, ist nach Lage des Einzelfalls zu entscheiden. Steht der Unternehmer mit dem Betriebe in dauernder regelmäßiger Verbindung, und werden ihm alle besonderen Betriebsvorgänge grundsätzlich zur persönlichen Kenntniß gebracht, so wird in der Regel der Ausnahmefall nicht als vorliegend erachtet werden können.

III. Nach dem See-U.V.G. besteht die strafbare Handlung ganz allgemein in jeder Zuwiderhandlung gegen die Verpflichtungen:

1. bezüglich der Eintragungen in das Schiffsjournal (Tagebuch, Loggbuch), welche sich auf solche Unfälle zu erstrecken haben, die auf einem Fahrzeuge beschäftigte Personen erleiden (§. 65 Abs. 1);

2. bezüglich der Führung von Unfallnachweisungen, welche den Schiffsführern über die an Bord sich ereignenden Unfälle obliegt, falls ein Journal nicht zu führen ist (§. 65 Abs. 2);

3. bezüglich der Mittheilung der Eintragungen in das Schiffsjournal oder der Unfallnachweisungen, welche von dem Schiffsführer bei dem Seemannsamte zu bewirken ist (§. 65 Abs. 3);

4. bezüglich der Unfallanzeigen, welche gemäß §. 65 Abs. 4 von dem Schiffsführer und gemäß §. 66 Abs. 1 von dem Unternehmer zu erstatten sind.

Hervorzuheben ist, daß auf dem Gebiete der S.U.V. die Anzeige binnen zwei (nicht drei) Tagen nach dem Tage zu erfolgen hat, an welchem der Verpflichtete von dem Unfalle Kenntniß erlangt hat.

Auch hier werden die erforderlichen Formulare vom R.V.A. festgestellt (§. 67).

Bezüglich der Verpflichtung zur Anzeige von Unfällen, welche sich in nicht unter Reichs- oder Staatsverwaltung stehenden Lootsen-, Rettungs-, Beleuchtungs- u. s. w. Betrieben auf hoher See außerhalb des Bezirkes einer inländischen Ortspolizeibehörde ereignen, vergl. Bekanntmachung des R.V.A. vom 16. 6. 1888, A.N. 1888 S. 242.

Die Unfallanzeigen auf dem Gebiete des Kleinschifffahrtsbetriebs und der kleinen Seefischerei sind — abweichend von den allgemeinen Vorschriften des S.U.V.G. — schriftlich oder mündlich an diejenige Ortspolizeibehörde im Inlande zu richten, in deren Bezirke sich der Unfall ereignet hat oder der erste Aufenthalt nach demselben genommen wird (§. 164).[1])

IV. Schuld und Strafe wie im §. 11 zu II u. III.

§. 16.

Die Sondervorschriften des See-U.V.G.

Geregelt durch §§. 143 u. 144.

I. Die Strafbestimmungen auf dem Gebiete der S.U.V. gehen einmal weiter als auf dem Gebiete der übrigen U.V.Ge., zum anderen sind hier noch besondere Arten von Zuwiderhandlungen unter Strafe gestellt.

II. In ersterer Beziehung ist hervorzuheben,

1. daß sich die Strafvorschriften des S.U.V.G. wegen unrichtiger Angaben (§. 143) ganz allgemein erstrecken:

a) auf alle Nachweisungen, welche auf Grund statutarischer oder gesetzlicher Bestimmungen einzureichen sind;

b) auf alle Auskünfte, welche auf Grund solcher Bestimmungen erfordert werden.

Schuld und Strafe wie im §. 7 zu III u. IV.

2. daß sich die Strafvorschriften des S.U.V.G. im §. 144 ebenfalls allgemein auf die auf Grund gesetzlicher oder statutarischer Bestimmungen beruhende Verpflichtung zur Einreichung von Nachweisungen (allgemein) und zur Ertheilung von Auskunft (allgemein) erstrecken.

Schuld und Strafe wie im §. 11 zu II u. III.

III. Die besonders noch hervorzuhebenden strafbaren Handlungen auf dem Gebiete der S.U.V. sind:

1. Zuwiderhandlungen gegen die Verpflichtung zur Ernennung von Bevollmächtigten und zur Mittheilung des Namens derselben sowie etwaiger Veränderungen in der

---

[1]) Wegen des Inkrafttretens dieser Vorschrift s. §. 25 Abs. 1 Ziff. 2 des H.G.

Person derselben an den Genossenschaftsvorstand. Mit Strafe bedroht sind die Betriebsunternehmer und Mitrheder. Ob die Verpflichtung auf dem Gesetz oder auf dem Statut beruht, ist gleichgültig (zu vergl. §. 33 Abs. 1 und §. 62 Abs. 2 des Ges., §. 6 des Statuts der S.B.G.).

2. Zuwiderhandlungen gegen die Verpflichtung bezüglich der Herbeiführung der Unfalluntersuchungen. Die Verpflichtung liegt dem Schiffsführer ob, und zwar erfolgt die Untersuchung im Auslande vor demjenigen deutschen Seemannsamte (Konsulat), vor welchem es zuerst geschehen kann. Ist die Untersuchung im Inlande zu führen, so ist der Antrag bei einem Seemannsamt oder, wo ein solches nicht vorhanden ist, bei der Ortspolizeibehörde des Inlandes zu stellen (§. 69 Abs. 1 u. 2).

3. Zuwiderhandlungen gegen die Verpflichtung bezüglich der Abgabe eidesstattlicher Erklärungen. Diese Verpflichtung hängt mit der unter 2 erörterten Bestimmung eng zusammen. Ist nämlich die Unfalluntersuchung im Auslande zu führen, so hat der Schiffsführer vor demjenigen deutschen Seemannsamte, vor welchem es zuerst geschehen kann, unter Zuziehung von zwei Schiffsoffizieren oder anderen glaubhaften Personen über die festzustellenden Thatsachen eine eidesstattliche Erklärung abzugeben (§. 69 Abs. 1).

Schuld und Strafe in den unter III 1 bis 3 bezeichneten Fällen wie im §. 11 zu II u. III.

§. 17.

Die durch Statut mit Strafe bedrohten Handlungen.

Geregelt durch die Statuten (Satzungen) der Berufsgenossenschaften.

I. Bei der Arbeiterversicherung handelt es sich, wie schon in der Kaiserlichen Botschaft vom 17. November 1881 betont worden ist, um die Lösung von Aufgaben, „denen die Staatsgewalt allein nicht gewachsen sein würde“. Daher finden wir auf diesem Gebiet in weitem Umfange das Recht der Selbstverwaltung. Die B.Gn. als öffentlich-rechtliche Körperschaften haben nach dem Gesetze nicht nur das Recht, sondern auch die Pflicht, für die Angelegenheiten der Arbeiterversicherung innerhalb des Rahmens der Gesetze Statuten (d. h. autonome Satzungen) zu erlassen. Als Ergänzung der den Genossenschaften gewährten Autonomie ist den letzteren eine Strafgewalt eingeräumt worden (zu vergl. Motive zu §. 103 des früheren U.V.Ges.). So finden sich denn in den Statuten der meisten B.Gn. autonome Strafen mancherlei Art. Die autonome Strafgewalt der B.Gn. ist nicht nur von dem R.V.A., sondern auch von den L.V.-Aemtern[1]) anerkannt worden.

Die Praxis der Versicherungsämter ist von Anfang an dahin gegangen, die Einführung statutarischer Strafbestimmungen nur dann zu genehmigen, wenn sie sich in mäßigen Grenzen bewegen und ein gewisses Strafmaximum nicht überschreiten. Für die Bestimmung dieser Grenzen war in erster Linie das Bedürfniß der berufsgenossenschaftlichen Verwaltung maßgebend. Das R.V.A. hat als Obergrenze für die Strafen anfänglich den Betrag von 10 Mark, später für schwere Fälle eine solche von 25 Mark festgehalten (Handbuch Anm. 2 zu §. 103 U.V.G.).

Durch die neuen Unfallversicherungsgesetze ist eine Anzahl von Zuwiderhandlungen, die früher statutarischen Strafen unterlagen, unmittelbar durch Gesetz unter Strafe gestellt worden (z. B. die Zuwiderhandlungen gegen die Verpflichtung zur Führung von Lohnbüchern, zur Einreichung von Unfallanzeigen an berufsgenossenschaftliche Organe, zur Anzeige des Unternehmerwechsels).

---

[1]) Zu vergl. z. B. §. 32 Abs. 4 des Revidirten Statuts der Bayerischen Baugewerks-B.G., §. 29 Abs. 4 des Revidirten Statuts der Württembergischen Baugewerks-B.G., §§. 27 u. 30 des Abgeänderten Statuts der land- u. forstw. B.G. für das Königreich Sachsen, §. 32 Abs. 1 der Nachträge zum Statut der B.G. für die U.V. der land- u. forstw. Arbeiter des Großherzogthums Mecklenburg-Strelitz, §. 32 Abs. 1 des Statuts der B.G. für die U.V. der land- u. forstw. Arbeiter des Großherzogthums Mecklenburg-Schwerin.

II. Was die einzelnen durch die Statuten mit Strafe bedrohten Handlungen anlangt, so ist vorweg zu bemerken, daß die Statuten der B.Gn. spätestens bis zum 1. 1. 1902 den neuen Gesetzen entsprechend zu ändern sind (§. 26 H.G.).

Die zur Zeit bestehenden, nach Statut strafbaren Handlungen — mit Ausnahme der jetzt durch Gesetz geregelten Fälle — sind hauptsächlich die folgenden:

1. Zuwiderhandlungen gegen die Verpflichtung zur Erstattung von sog. Fehl- (Vacat-)anzeigen.

Die Statuten einer sehr großen Anzahl von gewerblichen B.Gn. enthalten eine Vorschrift, die nachfolgenden Inhalt hat:

Mitglieder, die während eines Jahres versicherte Personen nicht beschäftigt haben, sind verpflichtet, dies innerhalb des für die Einreichung der Lohnnachweisungen vorgeschriebenen Zeitraums[1]) dem Genossenschaftsvorstande oder dem Sektionsvorstande rc. anzuzeigen.

Der Vorstand kann über Mitglieder, welche diese Anzeige nicht rechtzeitig erstatten, Geldstrafen (meistens bis zu zehn Mark) verhängen.

2. Zuwiderhandlungen gegen die Verpflichtung zur Mitwirkung bei der Einschätzung der Betriebe zu den Klassen des Gefahrentarifs.

Eine Anzahl von B.Gn. hat in weiterem Umfang, als dies durch das Gesetz bereits geschehen ist (zu vergl. oben §. 8) Zuwiderhandlungen gegen die Verpflichtung der Genossenschaftsmitglieder zur Mitwirkung bei der Veranlagung der Betriebe zu den Gefahrenklassen unter Strafe gestellt. So ist namentlich die Unterlassung der Beantwortung oder die mangelhafte und unvollständige Ausfüllung der vorge-

---

[1]) Zu vergl. jetzt §. 99 Abs. 2 G.U.V.G. (d. h. bis einschließlich zum 11. Februar eines jeden Jahres).

schriebenen Fragebogen mit Geldstrafen (25 bezw. 10 Mark) bedroht. Die Strafvorschriften einiger B.Gn. treffen ganz allgemein jede Zuwiderhandlung gegen die durch das Statut vorgeschriebenen Verpflichtungen der Genossenschaftsmitglieder zur Erstattung der erforderlichen Angaben (z. B. Nichteinreichung der erforderlichen Anzahl von gleichlautenden Ausfertigungen der Fragebogen). Zu vergl. Statut der Töpferei-B.G. §. 35 Abs. 3, der Ziegelei-B.G. §. 35a, der Norddeutschen Textil-B.G. §. 27 Abs. 3, der Papierverarbeitungs-B.G. §. 44 Abs. 1, 2 u. 6, der Nahrungsmittel-Industrie-B.G. §. 27 Abs. 1, der Tabak-B.G. §. 35, der Bekleidungsindustrie-B.G. §. 27, der Sächsischen Baugewerks-B.G. §. 34, der Ostdeutschen Binnenschiffahrts-B.G. §. 27.

Kommt eine vorsätzliche oder fahrlässige Erstattung unrichtiger Angaben in den Erklärungen in Frage, so finden die gesetzlichen Strafvorschriften (§. 146 G.U.V.G.) Anwendung. Bemerkenswerth ist, daß auf dem Gebiete der Land- und Forstwirthschaft auch die nicht rechtzeitige Ertheilung der für die Veranlagung der Betriebe zu den Gefahrenklassen erforderlichen Auskunft von dem Gesetze selbst unter Strafe gestellt ist (zu vergl. oben §. 13 zu II B Ziff. 1).

3. Unvollständige Angaben in den Unfallanzeigen.

Das Statut der Sächsisch-Thüringischen Eisen- und Stahl-B.G. enthält im §. 14 Abs. 3 folgende Vorschrift: „Der Vorstand ist berechtigt, Ordnungsstrafen im Betrage bis zu zehn Mark zu verhängen gegen Mitglieder bezw. deren gesetzliche Vertreter, welche .... die in dem Unfallanzeige-Formular erforderten Angaben nicht vollständig machen. ....“

Ist die Unvollständigkeit eine derart erhebliche, daß die Anzeige überhaupt als „Unfallanzeige“ nicht angesehen werden kann, so kommt die Anwendung des §. 147 Abs. 2 G.U.V.G. in Frage.

4. Zuwiderhandlungen gegen die Anmeldepflicht kleiner zwangsweise selbst-

versicherter Unternehmer (der sog. Kleinmeister).

Die Statuten bezw. Nebenstatuten der Baugewerks-B.Gn. und der Tiefbau-B.G. enthalten fast durchgängig die Bestimmung, daß die kraft Statuts für versicherungspflichtig erklärten kleinen Unternehmer (zu vergl. jetzt §. 4 B.U.V.G.) sich innerhalb bestimmter Fristen bei dem Genossenschaftsvorstand unter Angabe des Gegenstandes ihres Betriebs, des durchschnittlichen Tagesverdienstes — und zum Theil auch der durchschnittlichen Zahl der Tagewerke — anzumelden haben, und daß der Genossenschaftsvorstand befugt ist, gegen diejenigen Betriebsunternehmer, welche dieser Vorschrift nicht oder nicht rechtzeitig oder nicht vollständig oder nicht der Wahrheit gemäß entsprechen, eine Ordnungsstrafe (bis zu zehn Mark) zu verhängen, sofern nicht ohnehin schon die gesetzlichen Strafbestimmungen (zu vergl. jetzt §. 45 Abs. 2 B.U.V.G.)[1]) Platz greifen.

5. Zuwiderhandlungen gegen die Verpflichtung zur Führung ordnungsmäßiger Beschäftigungsbücher.

Fast alle Baugewerks-B.Gn. und die Tiefbau-B.G. besitzen in ihren Statuten (Nebenstatuten) Vorschriften über die Führung und Aufbewahrung von ordnungsmäßigen Beschäftigungsbüchern seitens der zwangsselbstversicherten Personen. Auch sind dort nähere Bestimmungen darüber getroffen, welche Anforderungen an ein ordnungsmäßig geführtes Beschäftigungsbuch zu stellen sind. Zuwiderhandlungen gegen diese Vorschriften unterliegen nach der Mehrzahl der Statuten denjenigen Strafen, welche für Genossenschaftsmitglieder bezüglich der Führung eines revisionsfähigen Lohnbuchs im Gesetz und Statut vorgesehen sind. Einige B.Gn. (die Hamburgische, Hannoversche, Magdeburgische und Südwestliche Baugewerks-B.G.) haben bestimmt, daß bei Unter-

[1]) Dies trifft zu für unrichtige Angaben bezüglich des Beginns der Versicherungspflicht und für die nicht rechtzeitige Anmeldung, nicht aber außerdem bezüglich der Vollständigkeit der Angaben (zu vergl. oben §. 9 zu II u. §. 11 zu I C).

lassung der Führung eines ordnungsmäßigen Beschäftigungsbuchs der Genossenschaftsvorstand eine Ordnungsstrafe (6 bezw. 10 Mark) gegen den Zuwiderhandelnden verhängen kann (zu vergl. im Uebrigen oben §. 12 unter III).

6. Zuwiderhandlungen gegen die Verpflichtung zur Aufbewahrung der Nachweise für die Richtigkeit der Lohnlisten.

Das Revidirte Statut der Sächsischen Baugewerks-B.G. enthält im §. 36 folgende Bestimmung: „Die Genossenschaftsmitglieder sind verpflichtet, Lohnlisten . . zu führen, auch die Nachweise für die Richtigkeit der Lohnlisten und diese selbst drei Jahre aufzubewahren, und es können solche Mitglieder, welche dies unterlassen, von dem Genossenschaftsvorstande mit einer Ordnungsstrafe bis zu 25 Mark belegt werden."

7. Zuwiderhandlungen gegen die Verpflichtung zur An- und Abmeldung einzelner versicherungspflichtiger Personen.

Eigenartigen Verhältnissen, welche bei den Eisen- und Stahl-B.Gn. bestehen, trägt der §. 39 des Revidirten Statuts der Rheinisch-Westfälischen Maschinenbau- und Kleineisenindustrie-B.G. Rechnung. Er bestimmt: „Die Unternehmer derjenigen Betriebe, welche den Betriebsort wechseln und in denen neben versicherungspflichtigen Personen auch nichtversicherungspflichtige beschäftigt werden (z. B. Lohndreschereien) sind verpflichtet, die von ihnen beschäftigten versicherungspflichtigen Personen innerhalb drei Tagen nach deren Annahme dem zuständigen Sektionsvorstande namentlich anzugeben, demselben auch jede Entlassung versicherungspflichtiger Personen innerhalb drei Tagen nach deren Antritt anzumelden. Betriebsunternehmer, welche dieser Vorschrift nicht rechtzeitig nachkommen, können vom Genossenschaftsvorstande mit einer Ordnungsstrafe bis zu zehn Mark belegt werden."

8. Zuwiderhandlungen von Genossenschaftsmitgliedern gegen die Verpflichtung zur Anzeige von in eigner Regie ausgeführten Bauarbeiten.

Das Statut der Bekleidungsindustrie-B.G. legt im §. 29a den Genossenschaftsmitgliedern die Verpflichtung auf, von der Vornahme von Bauarbeiten, welche sie für ihren Betrieb in Regie ausführen, spätestens bei Beginn der Arbeiten dem Genossenschaftsvorstand Anzeige zu erstatten. Die Unterlassung der Anzeige ist mit einer Ordnungsstrafe bis zu zehn Mark bedroht.

Eine gleiche Verpflichtung kennt die Norddeutsche Textil-B.G. (zu vergl. §. 29 ihres Statuts), die Zuwiderhandlung gegen diese Verpflichtung ist dort aber nicht unter Strafe gestellt.

9. Zuwiderhandlungen gegen die Verpflichtung zur An- und Abmeldung einzelner Bauarbeiten.

Das Revidirte Statut der Tiefbau-B.G. bestimmt im §. 27 Folgendes: „Die Mitglieder haben jede einzelne selbständig für sich zur Ausführung kommende Bauarbeit, welche länger als zehn Arbeitstage dauert, binnen einer Woche nach Beginn derselben bei dem Genossenschaftsvorstande schriftlich anzumelden.

Die Anmeldung muß enthalten: 1. den Namen und Wohnort des Unternehmers; 2. den Betriebsort; 3. den Gegenstand und die Art der Bauarbeit; 4. die Zahl der versicherten Personen; 5. den Tag des Beginns der Bauarbeit; 6. die Katasternummer, unter welcher der Unternehmer schon Mitglied der Genossenschaft ist.

Die Abmeldung hat binnen zwei Wochen zu geschehen.

Diejenigen Mitglieder, welche vorstehenden Bestimmungen nicht nachkommen oder in den An- und Abmeldungen der einzelnen Bauarbeiten unrichtige Angaben machen, können vom Genossenschaftsvorstand in eine Ordnungsstrafe bis zu zehn Mark genommen werden."

10. Zuwiderhandlungen gegen die Verpflichtung zur Anzeige des Wechsels des Betriebssitzes.

Nach §. 36a Ziff. 3 des Statuts der Nordöstlichen Eisen- und Stahl-B.G. sind die Betriebsunternehmer verpflichtet, jede Veränderung des Sitzes ihres Betriebs binnen acht Tagen dem Genossenschaftsvorstand anzuzeigen. Das Statut schreibt ferner vor, daß Mitglieder, welche dieser Verpflichtung nicht nachkommen, vom Genossenschaftsvorstande mit einer Ordnungsstrafe bis zu zehn Mark belegt werden können. —

Ist mit der Veränderung des Betriebssitzes zugleich eine Betriebsveränderung verbunden, welche für die Zugehörigkeit zu einer Genossenschaft oder für die Einschätzung des Betriebs in den Gefahrentarif von Bedeutung ist (zu vergl. oben §. 11), so findet auch die Strafvorschrift des §. 147 G.U.V.G. Anwendung.

11. Zuwiderhandlungen gegen die Verpflichtung zur Ertheilung von Auskunft über die Arbeitsfähigkeit eines Verletzten.

Das Revidirte Statut der Lederindustrie-B.G. enthält im §. 41 Abs. 4 folgende Vorschrift:

„Die Betriebsunternehmer sind verpflichtet, dem Vertrauensmann oder dem Sektionsvorstande, soweit dies nicht mit besonderen Schwierigkeiten verbunden ist, über das körperliche Befinden eines in ihrem Betriebe Verletzten auf Wunsch Auskunft zu ertheilen, sowie über die Wiederaufnahme der Arbeit seitens eines Verletzten sofort Anzeige zu machen, sofern der Verletzte am Orte der Betriebsunternehmung oder in einer benachbarten Gemeinde wohnt, und nicht in einen anderen Betrieb eingetreten ist. Giebt ein Unternehmer auf Wunsch in einem oder dem anderen dieser Fälle keine Auskunft, so kann er auf Antrag des Sektionsvorstandes von dem Genossenschaftsvorstande mit einer Ordnungsstrafe bis zu zehn Mark belegt werden."

Eine ähnliche Vorschrift findet sich im §. 42 Abs. 4, 5 des Statuts der Nordöstlichen Eisen- und Stahl-B.G. Diese schreibt vor:

„Sobald der Verletzte von der betreffenden Krankenkasse für wieder arbeitsfähig erklärt worden ist, hat der Betriebsunternehmer dem Sektionsvorstande Mittheilung hiervon zu machen.

Betriebsunternehmer, welche . . . die Mittheilung von der wiedererlangten Arbeitsfähigkeit des Verletzten dem Sektionsvorstande nicht binnen drei Tagen . . . . zugehen lassen, können von dem Genossenschaftsvorstand in eine Ordnungsstrafe bis zu zehn Mark genommen werden."

12. Endlich ist noch der §. 14 Abs. 3 des Statuts der Sächsisch-Thüringischen Eisen- und Stahl-B.G. zu erwähnen, durch welchen Zuwiderhandlungen gegen verschiedenartige, den Genossenschaftsmitgliedern obliegende Pflichten unter Strafe gestellt werden. Er lautet:

„Der Vorstand ist berechtigt, Ordnungsstrafen im Betrage bis zu zehn Mark zu verhängen gegen Mitglieder, beziehungsweise deren gesetzliche Vertreter, welche . . . . die erforderte Anzeige über den Aufenthalt oder den Zustand eines von ihnen beschäftigten Verletzten oder Rentenempfängers, über die Beseitigung von Einrichtungen, welche die Arbeiter gefährden, sowie über die Herstellung von Vorkehrungen zum Schutze der Arbeiter nicht innerhalb der hierfür vom Vorstand oder durch das Statut festgesetzten Frist erstatten . . . ."

III. Wie sich das R.V.A. und die L.V.-Aemter gegenüber den neuen U.V.Gn. zu der Frage stellen werden, ob und in welchem Umfange die Einführung statutarischer Strafen nothwendig und zulässig ist, läßt sich zur Zeit noch nicht übersehen. Nur soviel ist gewiß, daß die Einführung einer statutarischen Strafe für die Nichtbefolgung der über die Anmeldung der im §. 1 Abs. 6 L.U.V.G. bezeichneten Personen gegebenen Vorschriften (§. 57 Abs. 2 L.U.V.G.) geboten ist.

2. Theil.

Das Verfahren.

3. Kapitel.

Das Verfahren in der Genossenschaftsinstanz.

§. 18.

Die Zuständigkeit für die Straffestsetzungen.

I. Zuständig für die Verhängung der Strafen, mit welchen wir es hier zu thun haben, sind die Genossenschaftsvorstände als solche. Sie allein sind auf diesem Gebiete die Inhaber der Strafgewalt. In jedem Einzelfalle ist ein besonderer Beschluß des Vorstandes geboten. Hieraus folgt:

1. daß dem Vorsitzenden oder einem Ausschusse des Vorstandes die Strafbefugniß nicht zusteht;

2. daß eine Uebertragung (Delegation) der Strafbefugniß auf andere Personen — insbesondere auf den Vorsitzenden — unzulässig ist, da es sich hier um nicht übertragbare öffentliche Rechte handelt;

3. daß es auch nicht statthaft ist, wenn der Genossenschaftsvorstand lediglich allgemeine Grundsätze aufstellt, nach welchen die Strafgewalt innerhalb der B.G. ausgeübt werden soll, und die Ausführung dieser Grundsätze in den einzelnen Fällen dem Vorsitzenden oder einem engeren Kollegium überläßt.

Straffestsetzungen, die im Widerspruche mit diesen Grundsätzen erlassen werden, sind ungültig.

II. Zuständig ist der Vorstand derjenigen B.G., welcher der Betriebsunternehmer angehört. Dies ist zwar im Gesetze nicht ausdrücklich vorgeschrieben, jedoch kann darüber — wie die Motive sagen — kein Zweifel bestehen. Wird ein Betrieb von einer B.G. an eine andere überwiesen, so erlischt die Strafbefugniß des Vorstandes derjenigen B.G., welcher der Betrieb bisher angehörte, erst mit der Löschung des Betriebs in dem Kataster dieser B.G. (Handbuch Anm. 1 zu §. 106 U.B.G.). Scheiden bei einer demnächstigen Veränderung in der Organisation der B.Gn. (zu vergl. §. 25 Abs. 1 Ziff. 2 H.G.) einzelne Gewerbszweige oder örtlich abgegrenzte Theile aus einer B.G. aus und werden einer anderen B.G. angeschlossen oder zu einer neuen B.G. vereinigt, so ist die Zuständigkeitsfrage bezüglich derjenigen Zuwiderhandlungen zweifelhaft, welche während der Zugehörigkeit des Betriebs zu der ersten B.G. stattgefunden haben, jedoch sprechen mehrfache Gründe dafür, die Vorstände der neuen B.G. auch zur Verhängung von Strafen wegen der älteren Zuwiderhandlungen für zuständig zu erachten. Für diese Annahme spricht die Erwägung, daß anderenfalls die Bestrafung nicht mehr von Berufsgenossen des zu Bestrafenden erfolgen müßte, was gewiß nicht im Sinne des Gesetzes liegt. Dazu kommt der Umstand, daß die neue B.G. als Rechtsnachfolgerin der alten B.G. in Beziehung auf die fraglichen Betriebszweige und Betriebstheile zu gelten hat und im Besitze des Aktenmaterials ist. Die nothwendige Folge dieser Auffassung ist allerdings, daß die Geldstrafen in die Kasse der neuen Genossenschaft fließen.

§. 19.

Das Ermittelungsverfahren.

I. Der Verhängung von Strafen seitens des Genossenschaftsvorstandes muß stets eine gewissenhafte und eingehende

Ermittelung und Prüfung des Sachverhalts vorausgehen. Wird dieser Grundsatz von den B.Gn. streng befolgt, so wird dadurch der Rechtsmittelinstanz manche Arbeit erspart, und manche Unzufriedenheit in Unternehmerkreisen hintangehalten. Auf eine sorgfältige Vorbereitung der Strafsachen müssen die Genossenschaftsvorstände schon um deswillen großes Gewicht legen, weil eine Aufhebung oder die nachträgliche Zurücknahme kaum erlassener Straffestsetzungen geeignet ist, das Ansehen der genossenschaftlichen Strafgewalt und der B.Gn. selbst herabzusetzen.

II. Die Ermittelungen haben sich zu erstrecken:

1. Zunächst auf die Klarstellung, um welche bestimmte Zuwiderhandlung es sich in dem einzelnen Falle handelt. Es muß z. B. genau festgestellt werden, ob die Bestrafung wegen Nichteinreichung einer Gehalts- und Lohnnachweisung oder nur wegen Nichterstattung einer Fehlanzeige erfolgen kann. Aus der demnächstigen Straffestsetzung muß für den zu Bestrafenden und auch für die Beschwerdeinstanz klar ersichtlich sein, wegen welcher bestimmten strafbaren Handlung die Strafe verhängt ist.

2. Sodann sind Erhebungen und Ermittelungen über die einzelnen Thatbestandsmomente des Delikts, die Anzeichen für die Schuld des Thäters und über die für die Bemessung der Strafe erheblichen Umstände — insbesondere auch die Vermögensverhältnisse des zu Bestrafenden, Rückfälligkeit u. s. w. — anzustellen und aktenkundig zu machen.

III. Als Mittel zur Feststellung des Thatbestandes dienen für die B.G. namentlich: Erhebungen und Ermittelungen aller Art, welche die Vorstände durch die eigenen Organe der B.G., namentlich die Vertrauensmänner, bewirken lassen können; Vernehmungen von Zeugen und Sachverständigen und sonstige Beweisaufnahmen, um welche die öffentlichen Behörden, insbesondere die unteren Verwaltungs- oder Polizeibehörden ersucht werden können. Diese Behörden sind verpflichtet, auch unaufgefordert den Organen der B.Gn. alle Mittheilungen zukommen zu lassen, welche für deren

Geschäftsbetrieb von Wichtigkeit sind (§. 144 G.U.V.G., §. 154 L.U.V.G., §. 45 Abs. 2 B.U.V.G., §. 141 S.U.V.G.). Hiernach können die B.Gn. auch von den Ortspolizeibehörden erwarten, daß diese ihnen von Versäumungen der Unfallanzeige Kenntniß geben.

Ferner dient als Mittel zur Feststellung des Thatbestandes die Einholung von Auskünften aller Art, namentlich von Krankenkassen, aber auch von den Rentenempfängern, die in gewissen Grenzen dazu verpflichtet sind, über ihre Beschäftigungs- und Lohnverhältnisse Auskunft zu ertheilen. Außerdem ist den Vorständen durch den §. 119 G.U.V.G. (§. 126 L.U.V.G., §. 40 B.U.V.G., §. 123 S.U.V.G.) ein Mittel in die Hand gegeben, die erforderlichen Feststellungen durch ihre technischen Aufsichts- und Rechnungsbeamten bewirken zu lassen. Die Betriebsunternehmer sind verpflichtet, den technischen Aufsichtsbeamten den Zutritt zu ihren Betriebsstätten während der Betriebszeit zu gestatten und den Rechnungsbeamten die Geschäftsbücher und Listen zur Einsicht vorzulegen, aus welchen die Zahl der beschäftigten Beamten und Arbeiter sowie die Beträge der verdienten Gehälter und Löhne ersichtlich sind. Hierzu können die Unternehmer sogar von der unteren Verwaltungsbehörde durch Geldstrafen bis zu 300 Mark angehalten werden. Endlich ist hier noch darauf hinzuweisen, daß der Vorstand gemäß §. 76a Abs. 2 des K.V.G. befugt ist, Einsicht in die Bücher und Listen der Krankenkassen nehmen zu lassen, um die Zahl der Versicherten, deren Beschäftigungszeit und Lohnhöhe zu ermitteln.

Eidliche Vernehmungen durch die zuständigen Amtsgerichte sind — von besonders liegenden Einzelfällen abgesehen — in Strafsachen thunlichst zu vermeiden, jedenfalls ist die Vernehmung über eine Thatsache, die einer Bestrafung des Vernommenen durch den G.V. als Grundlage dienen soll, nach allgemeinen Rechtsgrundsätzen, wie sie auch für das Gebiet des Civil- und Strafprozesses gelten (zu vergl. über das Recht der Zeugnißverweigerung in solchen Fällen §. 384 Nr. 2 C.P.O., §. 54 St.P.O.), nicht angängig.

§. 20.
Beschlußfassung und Straffestsetzung.

I. Die Beschlußfassung liegt in einer jeden einzelnen Strafsache dem Genossenschaftsvorstand als solchem ob. Die Akten der B.G. müssen derart eingerichtet sein, daß eine Nachprüfung der Beschwerdeinstanz möglich ist, ob die Behandlung der einzelnen Sache in der gesetzlich vorgeschriebenen Weise erfolgt, die Straffestsetzung insbesondere auf gesetzlichem Wege – d. h. durch einen Vorstandsbeschluß, und nicht durch den Vorsitzenden allein oder einen Ausschuß — zu Stande gekommen ist. Es empfiehlt sich, die Namen der durch Vorstandsbeschluß bestraften Personen unter Angabe der Strafthat und der Höhe der verhängten Strafe in eine Liste einzutragen und die Liste dem über die Vorstandssitzung aufgenommenen Protokoll als Anlage beizufügen.

II. Die Straffestsetzung, d. h. die Urkunde, in welcher die Bestrafung ausgesprochen wird, ist von dem Vorsitzenden des Vorstandes oder dessen Vertreter oder einem anderen Vorstandsmitgliede (je nach den Bestimmungen des Statuts) handschriftlich (nicht etwa mittels Typendrucks oder dergl.) zu vollziehen.

Eine bestimmte Form für die Straffestsetzung (entscheidender Theil — Thatbestand — Gründe) ist gesetzlich nicht vorgeschrieben. Jedoch ergiebt sich aus der Natur eines geordneten Verfahrens auf diesem Gebiete, daß die Straffestsetzung enthalten muß:

1. eine genaue Bezeichnung der zu bestrafenden Person, so daß jeder Zweifel ausgeschlossen ist. Die Anwendung des kaufmännischen Namens einer Person (Firma) oder eines ähnlichen Gesammtnamens (z. B. Magistrats) ist von der Praxis zugelassen worden (zu vergl. oben §. 2 unter V);

2. eine genaue Bezeichnung der Strafthat, d. h. die Angabe der bestimmten Thatsachen, welche die Grundlage der Bestrafung bilden. So muß z. B. genau angegeben werden, wieviel versicherte Personen, wieviel Ar-

beitstage, welche Gehalts- oder Lohnbeträge der Unternehmer nachzuweisen hatte, und wieviel er thatsächlich nachgewiesen hat. Die bloße Anführung des Wortlauts der Strafvorschrift ist nicht ausreichend;

3. eine genaue Bezeichnung der Strafvorschrift. Die gesetzliche Bestimmung oder die statutarische Vorschrift, auf welche die Straffestsetzung gegründet wird, ist anzuführen, damit der Bestrafte wie die Beschwerdeinstanz auf Grund dieser Bestimmung die Rechtmäßigkeit der Straffestsetzung nachprüfen kann.

Neben diesen Erfordernissen, welche an den Inhalt der Straffestsetzungen gestellt werden müssen, enthalten diese häufig noch eine Belehrung über das Rechtsmittel der Beschwerde und die Bestimmung einer Frist, innerhalb welcher die Zahlung der Strafe erfolgt sein müsse, widrigenfalls das Beitreibungsverfahren eingeleitet werde.

Im ersteren Falle darf die Belehrung nicht dahin lauten, daß die Beschwerdeschrift bei dem G. V. einzureichen sei, da die Beschwerde bei derjenigen Behörde einzulegen ist, welche über dieselbe zu entscheiden hat (zu vergl. unten §. 24 zu III Ziff. 2). Im letzteren Falle — d. h. bei Aufnahme einer Fristbestimmung — ist zu beachten, daß die Vollstreckbarkeit der Straffestsetzung nicht schon mit dem Zeitpunkte der Zustellung eintritt, sondern erst mit dem Eintritt der Rechtskraft ihren Anfang nimmt. Deshalb ist der Ablauf der Frist nicht von dem Zustellungstage, sondern von dem Tage ab, an welchem die Rechtskraft eintritt, zu berechnen.

§. 21.

Die Zustellung der Straffestsetzung.

I. Die Straffestsetzung ist demjenigen, gegen welchen die Strafe verhängt worden ist, zuzustellen. Eine förmliche Zustellung ist erforderlich, weil von diesem Tage ab die Beschwerdefrist berechnet wird (§. 149 G.U.V.G., §. 159 L.U.V.G., §. 45 Abs. 2 B.U.V.G., §. 147 S.U.V.G.).

Die Art und Weise der Zustellung wird durch §. 155 G.U.V.G., §. 166 L.U.V.G., §. 45 Abs. 2 B.U.V.G., §. 150 S.U.V.G.[1]) geregelt.

II. Das Gesetz geht davon aus, daß in der Regel die Zustellung mittelst eingeschriebenen Briefes durch die Post erfolgt. Es bestimmt, daß die Zustellungen in dieser Weise erfolgen „können". Hierdurch ist ausgesprochen, daß andere Arten der Zustellung nicht ausgeschlossen sind. Als solche andere Zustellungsarten kommen hier namentlich solche Zustellungsformen in Betracht, wie sie die Civilprozeßordnung in den §§. 166 ff. vorschreibt. Aber auch abgesehen hiervon sind noch weitere Arten der Zustellung statthaft, durch welche die Thatsache der Behändigung (d. h. der Uebergabe des Schriftstückes) außer Zweifel gestellt wird, z. B. die Behändigung durch einen Boten gegen Empfangsbescheinigung, die thatsächliche Uebergabe und Aufnahme eines Protokolls hierüber u. dergl.

III. Die Art und Weise, wie bei Zustellungen von Einschreibebriefen durch die Post zu verfahren ist, wird durch die Postordnung vom 20. 3. 1900 und die dazu von den Postverwaltungen erlassenen Ausführungs- und Dienstvorschriften geregelt. Die Postordnung bestimmt, daß die Zustellung eines Einschreibebriefes, falls der Adressat in seiner Wohnung (dem Orte des thatsächlichen Wohnens, nicht des Wohnsitzes) nicht angetroffen wird, an ein erwachsenes Familienmitglied des Empfängers oder Bevollmächtigten erfolgen kann. Zu diesen Familienmitgliedern sind der Ehegatte, die Eltern, Großeltern, Kinder, Kindeskinder, Geschwister, nicht dagegen Schwäger und Schwiegereltern zu rechnen. Die Frage, ob ein Familienmitglied als erwachsen zu erachten ist, ist Thatfrage und wird in erster Linie von der zuständigen Postaufsichtsbehörde zu entscheiden sein.

---

[1]) Diese Vorschriften enthalten erhebliche Abweichungen gegenüber dem früheren Rechtszustande.

In den Fällen des §. 155 Abs. 3 G.U.V.G. (§. 166 Abs. 3 L.U.V.G., §. 45 Abs. 2 B.U.V.G., §. 150 Abs. 3 S.U.V.G.) wird die Zustellung durch öffentlichen Aushang bewirkt. Die Zustellung gilt als erfolgt, wenn das Schriftstück während einer Woche in den Geschäftsräumen der zustellenden Behörden oder Genossenschaftsorgane ausgehängt war.

IV. Fehlt ein gehöriger Nachweis für die Zustellung der Straffestsetzung, so muß, wenn Streit darüber entsteht, entweder die Zustellung nachgeholt oder die Beschwerdefrist für gewahrt erachtet werden. Eine Ausnahme besteht dann, wenn ein Posteinlieferungsschein vorliegt und zwei Jahre seit dessen Ausstellung verflossen sind. In diesem Falle besteht die Vermuthung, daß die Zustellung in der ordnungsmäßigen Frist nach der Einlieferung erfolgt ist. Die Vermuthung kann durch den Gegenbeweis entkräftet werden, daß die Aushändigung der Einschreibesendung thatsächlich entweder überhaupt nicht oder zu einer anderen Zeit bewirkt worden ist.

V. Wird der die Straffestsetzung enthaltende Brief dem Adressaten persönlich angeboten, dessen Annahme aber ohne Grund verweigert, so gilt die Zustellung als bewirkt (Pl.Beschl. v. 24. 3. 1900 Nr. III).

§. 22.

Die Kosten des Strafverfahrens.

Die Kosten des Strafverfahrens (Portokosten, Auslagen für Zeugen- und Sachverständigengebühren, Zustellungskosten u. s. w.) bilden einen Theil der Verwaltungskosten der B.Gn. Sie werden in gleicher Weise wie die sonstigen Verwaltungskosten der B.G. mittelst Umlagen 2c. aufgebracht.

II. Aus dem Vorstehenden ergiebt sich, daß es unzulässig ist, neben dem Strafbetrage noch Kosten des Verfahrens festzusetzen und dem zu Bestrafenden aufzuerlegen (Handbuch Anm. 11 zu §. 103 U.V.G. und Bf. v. 14. 8. 1897 I. 19988).

4. Kapitel.

Das Verfahren in der Beschwerdeinstanz.

§. 23.

Die zur Entscheidung zuständigen Behörden.

I. Gegen die Straffestsetzungen der Genossenschaftsvorstände, mit denen wir uns hier beschäftigen, ist das Rechtsmittel der Beschwerde gegeben. Die Entscheidung über Strafbeschwerden ist vom 1. Oktober 1900 ab zum Zwecke der geschäftlichen Entlastung des R.V.A. diesem und den L.V.-Aemtern, die früher dazu berufen waren, entzogen und anderen Behörden übertragen worden. Diese Behörden werden von der für den Sitz des Betriebs zuständigen Landes-Zentralbehörde bestimmt, deren Entscheidung ist endgültig (§. 149 G.U.V.G., §. 159 L.U.V.G., §. 45 Abs. 2 B.U.V.G., §. 147 S.U.V.G.).

Der Gegenstand der Entscheidungen dieser neu bestellten Behörden ist lediglich die Beschwerde, welche sich gegen eine Straffestsetzung im Einzelnen richtet. Beschwerden, welche den Geschäftsbetrieb der B.Gn. im Allgemeinen, auch auf dem Gebiete der Handhabung der genossenschaftlichen Strafgewalt, betreffen, fallen als Aufsichtsbeschwerden nach wie vor in den Geschäftsbereich des R.V.A.

II. Die Bestimmung der zuständigen Behörde liegt derjenigen Landes-Zentralbehörde ob, welche für den Sitz des betreffenden Betriebs zuständig ist. Maßgebend ist also der Betriebssitz, nicht der Wohnort oder Aufenthaltsort des Unternehmers. Hat ein Unternehmer mehrere Betriebe, die in verschiedenen Staaten belegen sind, so ist für die Zuständigkeit die Vorfrage entscheidend, ob die mehreren Betriebe selbständig neben einander bestehen oder im Verhältnisse von Haupt- und Nebenbetrieb oder von Theil- und Gesammtbetrieb zu einander stehen.

Ueber einige Spezialvorschriften bezüglich des Betriebssitzes eines landwirthschaftlichen und eines forstwirthschaftlichen Betriebs zu vergl. §. 65 Abs. 2 bis 4 L.U.V.G.

III. Die Behörden, welche zur Entscheidung der Strafbeschwerden berufen sind, sind folgende:

in Preußen: die Regierungs-Präsidenten, für Berlin der Polizei-Präsident; im Bereiche der Bergverwaltung die Ober-Bergämter. (R.Anz. Nr. 189 vom 10. 8. 1900 u. Nr. 245 vom 15. 10. 1900);

in Bayern: das Landes-Versicherungsamt (Bekanntmachung erfolgt demnächst);

in Sachsen: die Kreishauptmannschaften; im Bereiche der Bergverwaltung die Kreishauptmannschaft in Dresden. (R.Anz. Nr. 226 vom 22. 9. 1900);

in Württemberg: die Kreisregierungen. (Regierungsblatt für das Königreich Württemberg Nr. 42 vom 26. 9. 1900);

in Baden: das Landes-Versicherungsamt (§. 3 der Verordnung vom 27. 9. 1900, Badisches Gesetz- und Verordnungsblatt 1900 S. 977 ff.);

in Hessen: das Landes-Versicherungsamt. (R.Anz. Nr. 229 vom 26. 9. 1900);

in Mecklenburg-Schwerin: das Landes-Versicherungsamt. (R.Anz. Nr. 253 vom 23. 10. 1900);

in Sachsen-Weimar: das Staatsministerium, Departement des Innern. (R.Anz. Nr. 241 vom 10. 10. 1900);

in Mecklenburg-Strelitz: das Landes-Versicherungsamt. (Großh. Meckl. Strelitzscher Offizieller Anzeiger Nr. 45 vom 20. 10. 1900);

in Oldenburg: a) für das Herzogthum Oldenburg: das Staatsministerium, Departement des Innern; b) für das Fürstenthum Birkenfeld: die Regierung; c) für das Fürstenthum Lübeck: die Regierung. (R.Anz. Nr. 254 vom 24. 10. 1900);

in Braunschweig: die Kreisdirektionen, in der Stadt Braunschweig die Polizei-Direktion. (R.Anz. Nr. 231 vom 28. 9. 1900);

in Sachsen-Meiningen: das Staatsministerium, Abtheilung des Innern. (R.Anz. Nr. 228 vom 25. 9. 1900)

in Sachsen-Altenburg: die Landrathsämter. (R.Anz. Nr. 236 vom 4. 10. 1900);

in Sachsen-Coburg-Gotha: die untere Verwaltungsbehörde,[1]) in deren Bezirk der Sitz des betreffenden Betriebs gelegen ist. (R.Anz. Nr. 252 vom 22. 10. 1900);

in Anhalt: die Herzogliche Regierung, Abtheilung des Innern. (R.Anz. Nr. 244 vom 13. 10. 1900);

in Schwarzburg-Rudolstadt: das Ministerium, Abtheilung des Innern. (R.Anz. Nr. 233 vom 1. 10. 1900);

in Schwarzburg-Sondershausen: die Landräthe. (R.Anz. Nr. 231 vom 28. 9. 1900);

in Waldeck und Pyrmont: der Landesdirektor. (Fürstlich Waldeckisches Regierungsblatt Nr. 23 vom 20. 11. 1900.)

in Reuß ä. L.: im Sinne der G.U.V.G. und des B.U.V.G. die Fürstliche Aufsichtsbehörde über städtische Gemeindeverwaltung in Greiz, im Sinne des L.U.V.G. die Fürstliche Landesregierung in Greiz. (R.Anz. Nr. 256 vom 26. 10. 1900);

in Reuß j. L.: die Landrathsämter. (R.Anz. Nr. 232 vom 29. 9. 1900);

in Schaumburg-Lippe: das Ministerium. (R.Anz. Nr. 228 vom 25. 9. 1900);

in Lippe-Detmold: die Fürstliche Regierung. (R.Anz. Nr. 275 vom 17. 11. 1900);

in Lübeck: der Senatsausschuß für Gewerbe- und Versicherungswesen. (R.Anz. Nr. 227 vom 24. 9. 1900);

in Bremen: die Polizei-Kommission des Senats. (R.Anz. Nr. 240 vom 9. 10. 1900);

---

[1]) „Untere Verwaltungsbehörde" ist in den dem Staatsministerium unmittelbar unterstellten Städten der Stadtrath oder Magistrat, in den übrigen Gemeinden das Landrathsamt, hinsichtlich der bergbaulichen Betriebe die Bergämter.

in Hamburg: die unteren Verwaltungsbehörden.[1]) (R.Anz. Nr. 231 vom 28. 9. 1900);

in Elsaß-Lothringen: die Bezirks-Präsidenten. (R.Anz. Nr. 237 vom 5. 10. 1900).

§. 24.

Das Rechtsmittel der Beschwerde.

I. Ueber Form und Inhalt der Beschwerde enthält das Gesetz keine Vorschriften.

1. Form. Schriftlichkeit ist gesetzlich nicht vorgeschrieben, jedoch werden mündlich vorgebrachte Beschwerden regelmäßig zu Protokoll zu nehmen sein. Auch gegen die Einlegung der Beschwerde mittelst Telegramms bestehen Bedenken nicht, zumal telegraphische Depeschen im Rechtsverkehr als Urkunden gelten. Bei schriftlicher Einlegung hängt die Gültigkeit nicht davon ab, daß der Beschwerdeführer das Schriftstück selbst geschrieben oder unterschrieben hat. Es genügt, wenn die Schrift von irgend einer dritten Person aufgesetzt und mit Genehmigung des Beschwerdeführers an die zuständige Behörde abgesandt worden ist. Die Beschwerde kann auch durch einen Bevollmächtigten eingelegt werden. Dieser hat Vollmacht vorzulegen. Vollmacht und Genehmigung können nachgeholt werden, und es ist nicht erforderlich, daß dies noch innerhalb der Beschwerdefrist erfolgt. Die Vollmacht ist stempelfrei (§. 145 G.U.V.G., §. 155 L.U.V.G., §. 45 Abs. 2 B.U.V.G., §. 142 S.U.V.G.).

2. Was den Inhalt der Beschwerde anlangt, so ist jedes Schriftstück als Beschwerde anzusehen, in welchem der

---

[1]) „Untere Verwaltungsbehörden" sind im Sinne des G.U.V.G. u. B.U.V.G. für die Landherrenschaften Ritzebüttel und Bergedorf die Landherrenschaften, für das übrige Staatsgebiet die städtische Polizeibehörde; im Sinne des L.U.V.G. für die Stadt die Polizeibehörde, für das Landgebiet die Landherrenschaft; im Sinne des S.U.V.G. die Deputation für Handel und Schiffahrt.

Absender seine Unzufriedenheit mit der ihm zugestellten Straffestsetzung zum Ausdruck bringt. Es ist nicht erforderlich, daß sich das Schriftstück ausdrücklich als Beschwerde bezeichnet. Die Angabe der zur Begründung des Rechtsmittels erforderlichen Thatsachen und Beweismittel kann nachgeholt werden. Hiernach würde es also dem Gesetze nicht entsprechen, wenn in einem solchen Falle dem Beschwerdeführer das Schriftstück mit der Aufforderung zurückgegeben würde, zunächst eine formgerechte Beschwerde einzureichen.

II. Frist. Die Beschwerdefrist beträgt zwei Wochen und ist von dem Tage ab zu berechnen, an welchem dem Beschwerdeführer die Straffestsetzung zugestellt worden ist. Der Lauf der Frist beginnt aber nur dann, wenn die Zustellung den gesetzlichen Vorschriften entspricht (zu vergl. hierüber oben §. 21). Die Frist endigt mit Ablauf desjenigen Tages der zweiten Woche, welcher durch seine Benennung (Montag, Dienstag 2c.) dem Tage entspricht, an welchem die Frist begonnen hat. Fällt das Ende der Frist auf einen Sonntag oder allgemeinen Feiertag, so endigt die Frist mit Ablauf des nächstfolgenden Werktags (§. 43 St.P.O., auch §. 193 B.G.B.). Die Frist kann von der Beschwerdeinstanz nicht verlängert oder verkürzt werden.

Ist der Tag, an welchem die Zustellung der Straffestsetzung erfolgt ist, nicht festzustellen, so ist die Frist als gewahrt zu erachten. Im Uebrigen hat das R.V.A. in Strafbeschwerdesachen die Uebung befolgt, daß es in eine Prüfung der Frage, ob die Frist gewahrt sei, nur eintrat, wenn der Genossenschaftsvorstand die Versäumung der Frist rügte.

III. Die Einlegung der Beschwerde. Ueber die Frage, wie und wo die Beschwerde einzulegen ist, enthält das Gesetz keine ausdrücklichen Vorschriften. Jedoch wird man an folgenden allgemeinen Rechtsgrundsätzen festhalten können:

1. Zur Wahrung der Frist genügt es nicht, wenn die Beschwerdeschrift innerhalb der Frist von dem Beschwerde-

führer abgesandt, z. B. in einem eingeschriebenen Briefe zur Post gegeben, aber nicht mehr rechtzeitig bei der zuständigen Behörde eingegangen ist.

2. Die Beschwerde muß innerhalb der Frist bei der zuständigen Behörde eingegangen sein. Die milderen, für die Berufungs- und Rekurseinlegung geltenden Vorschriften des §. 76 Abs. 3 G.U.V.G. (§. 82 Abs. 3 L.U.V.G., §. 37 Abs. 1 B.U.V.G., §. 80 Abs. 5 S.U.V.G.) sind auf die Beschwerde nicht ausgedehnt worden.

3. Irrthümlich bei unzuständigen Stellen (z. B. bei dem G.V.) eingegangene Beschwerdeschriften sind auch ohne Antrag unverzüglich an die zuständige Behörde abzugeben. Allerdings besteht ein Rechtsanspruch des Beschwerdeführers hierauf nicht. Erreicht das Schriftstück innerhalb der Frist die zuständige Stelle nicht mehr, so ist die Beschwerde verspätet.

4. Die Frist ist gewahrt, wenn die Beschwerdeschrift innerhalb der Frist — auf welchem Wege auch immer — in die Verfügungsgewalt der zuständigen Behörde gelangt ist (z. B. im Amtszimmer oder der Botenmeisterei der Behörde abgegeben ist). Wird die Beschwerdeeinlegung mittelst einfachen, eingeschriebenen Briefes oder Eilbriefes durch die Post bewirkt, so muß die Frist als gewahrt gelten, wenn innerhalb der Frist die Postsendung nach den postalischen Vorschriften als bestellt anzusehen ist.

5. Der Tag des Eingangs der Beschwerde ist alsbald auf dem Schriftstück urkundlich zu machen (sog. Präsentationsvermerk).

IV. Wiedereinsetzung in den vorigen Stand. Gegen die Versäumung der Frist ist die Wiedereinsetzung in den vorigen Stand zu gewähren. Als Gründe hierfür sind nur störende Naturereignisse (z. B. Unterbrechung des Verkehrs in Folge von Schneeverwehungen, Ueberschwemmungen, Stürme 2c.), unabwendbare Zufälle oder ähnliche, außerhalb des Willens der Partei liegende Hinderungsgründe, welche die Versäumung zu entschuldigen geeignet sind (z. B. Krieg, Freiheitsberaubung, obrigkeitlich angeordnete Quarantaine, vorzeitige Schließung der Briefannahme-Stelle bei der zur Entscheidung zuständigen Behörde ꝛc.), zuzulassen (zu vergl. §. 44 St.P.O., §. 233 C.P.O.).

Dagegen sind Wiedereinsetzungsgründe nicht: Rechtsirrthum des Beschwerdeführers über die innezuhaltende Frist; körperliche Krankheit, welche den Antragsteller nicht geschäftsunfähig macht und ihm die Möglichkeit freiläßt, seine Rechte durch dritte Personen wahren zu lassen; Schreibensunkunde, da die Beschwerdeschrift von jedem Dritten geschrieben oder auch zu Protokoll erklärt werden kann; Versagen der postalischen Einrichtungen, wenn die Postsendung so zeitig zum Abgang gebracht ist, daß sie auch bei Versäumung der planmäßigen Gelegenheit noch rechtzeitig zur Verausgabung gelangen mußte. Wird die letzte Beförderungsgelegenheit benutzt und versagt diese, so kann die Wiedereinsetzung nicht gewährt werden (zu vergl. auch R.E. 431 u. 1451, A.N. 1887 S. 357, 1895 S. 247).

Hat der Vertreter des Beschwerdeführers — z. B. ein Rechtsanwalt — die Frist versäumt, so ist darin ein unabwendbarer Zufall nicht zu erblicken, da der Beschwerdeführer die Handlungen und Unterlassungen seines Vertreters für und gegen sich gelten lassen muß.

V. Wirkung der Beschwerde. Die Beschwerde hat aufschiebende Wirkung (sog. Suspensiveffect), d. h. die Vollstreckung der Straffestsetzung darf vor Erledigung der Beschwerde nicht angeordnet werden (Besch. 145, A.N. 1886 S. 56). Für den G.V. ist es daher von Wichtigkeit, von dem Eingang einer jeden Beschwerde alsbald Kenntniß zu erhalten. Die zur Entscheidung über die Beschwerde berufenen Behörden werden im Interesse einer ordnungsmäßigen Verwaltung auf dem Gebiete der Strafrechtspflege handeln, wenn sie, wie dies vom R.V.A. bisher stets geschehen ist (zu vergl. Handbuch Anm. 2 Abs. 3 zu §. 109 U.V.G.) den Genossenschaftsvorständen die erforderlichen Mittheilungen unverzüglich zugehen lassen.

§. 25.

Der Gang des Verfahrens bis zur Entscheidung.

Der regelmäßige äußere Gang des Verfahrens gestaltet sich im Allgemeinen wie folgt:

I. Eine eingegangene Beschwerde wird zunächst dem G.V. unter Hinweis auf die aufschiebende Wirkung der Beschwerde zur Aeußerung und Beifügung einer Abschrift der Straffestsetzung und, wenn nöthig, auch der Akten mitgetheilt (Anh. Form. 1). Dies muß schleunig geschehen, da es für den G.V. wegen der ihm obliegenden Prüfung der Vollstreckbarkeit der Straffestsetzung von Bedeutung ist, möglichst frühzeitig zu wissen, daß die Straffestsetzung angefochten worden ist (zu vergl. unten §. 28 unter II).

II. Ist nach dem hierauf eingehenden Berichte des G.V. und dem Inhalte der etwa eingereichten Akten die Straffestsetzung gerechtfertigt, so empfiehlt es sich, eine Abschrift des Berichts dem Beschwerdeführer zur Kenntniß zugehen zu lassen, mit dem Hinzufügen, daß die Beschwerde als erledigt angesehen werde, falls er nicht binnen einer zu bestimmenden Frist (etwa 2 Wochen) von neuem vorstellig werden sollte (Anh. Form. 2). Erfolgt eine neue Vorstellung nicht, so ist dem G.V. hiervon Mittheilung zu machen, und die Angelegenheit ist erledigt (Anh. Form. 3). Empfiehlt es sich nicht, dem Beschwerdeführer eine Abschrift des Berichts des G.V. zugehen zu lassen — z. B. weil der Bericht unvollständig ist oder die Beschwerdeinstanz noch auf neue Gesichtspunkte hinweisen will — so kann ein besonderes Schreiben mit dem oben erwähnten Hinzufügen an den Beschwerdeführer erlassen werden, und, wenn hierauf eine Antwort nicht eingeht, die Angelegenheit durch eine Mittheilung an den G.V. ihre Erledigung finden (Anh. Form. 4).

Nach Lage der Sache kann auch die untere Verwaltungs- oder eine sonstige Behörde ersucht werden, den Beschwerdeführer unter Vorhaltung aus dem Berichte des G.V. befragen zu lassen, ob und eventl. aus welchen Gründen er auf der Beschwerde noch beharrt, und bejahendenfalls —

wenn nöthig nach Vornahme weiterer Erhebungen — sich über die von dem Beschwerdeführer gemachten Einwendungen zu äußern (Anh. Form. 5 u. 6).

III. Erhebt der Beschwerdeführer neue Einwendungen, so ist, falls die streitigen Punkte nicht durch Verhandlungen mit dem Beschwerdeführer und G.V. behoben werden, Beweis zu erheben. Die Beweiserhebung wird entweder unmittelbar durch die zur Entscheidung über die Beschwerde berufene Behörde oder mit Hülfe der unteren Verwaltungsbehörden oder sonstigen öffentlichen Behörden oder der Gerichte (zu vergl. §. 144 G.U.V.G., §. 154 L.U.V.G., §. 45 Abs. 2 B.U.V.G., §. 141 S.U.V.G.) bewirkt.

IV. Wird die Beschwerde zurückgenommen oder die Straffestsetzung von dem G.V. zurückgezogen, so ist der G.V. bezw. der Beschwerdeführer davon in Kenntniß zu setzen (Anh. Form. 7 u. 8). Handelt es sich lediglich um die Höhe der Strafe und wird diese im Laufe des Verfahrens von dem G.V. ermäßigt, so empfiehlt es sich wiederum, den Beschwerdeführer befragen zu lassen, ob er unter diesen Umständen die Beschwerde zurücknimmt (Anh. Form. 9).

Zieht der Beschwerdeführer die Beschwerde zurück, bittet aber um Erlaß, Herabsetzung oder Stundung der Strafe, so ist die Sache der Zuständigkeit der Beschwerdeinstanz entzogen und die Sache ist an den G.V. zur Entscheidung über diese Anträge abzugeben (Anh. Form. 10).

V. Hängt die Entscheidung von der Beantwortung von Kataster- und ähnlichen Fragen ab, über welche das R.V.A. oder eine andere Behörde eine Entscheidung zu treffen hat (z. B. wenn der Unternehmer seine Verpflichtung zur Unfallanzeige mit der Begründung bestreitet, daß nicht er, sondern ein Anderer der Arbeitgeber des Verletzten sei, und über diese Frage in einem schwebenden Berufungs- oder Rekursverfahren oder sonstigen Streitverfahren (zu vergl. §. 73 Abs. 2 G.U.V.G., §. 79 Abs. 2 L.U.V.G., §. 37 Abs. 1 B.U.V.G., §. 78 Abs. 2 S.U.V.G.) zu entscheiden ist, oder wenn der Bestrafte seine Verpflichtung zur Einreichung von Regiebau-Nachweisungen bestreitet, weil nicht er, sondern ein Anderer die Bauarbeit ausgeführt habe, und ein Einspruchs-, Beschwerde- oder Rekursverfahren gemäß §. 28 B.U.V.G. wegen der Prämienberechnung schwebt), so empfiehlt es sich, das Strafverfahren bis zur Erledigung des Verfahrens, welches die präjudizielle Frage zum Gegenstande hat, auszusetzen.

VI. Ist die Sache bis zum Schlusse streitig geblieben, und sind die streitigen Punkte event. durch eine Beweisaufnahme genügend geklärt, so ist eine förmliche Entscheidung zu erlassen (Anh. Form. 12 bis 15).

§. 26.

Die Entscheidung.

I. Ist die Beschwerde unstatthaft oder nicht rechtzeitig eingelegt, so ist sie als unzulässig zu verwerfen. Bei dieser Gelegenheit wird nochmals darauf hingewiesen, daß das R.V.A. in ständiger Rechtsprechung in eine Prüfung der Rechtzeitigkeit nur dann eingetreten ist, wenn die Verspätung von dem G.V. gerügt wurde (Handbuch Anm. 3 zu §. 106 U.V.G.).

II. Die Grenzen der Entscheidungsbefugniß.

1. Die Beschwerdeinstanz darf nur zu Gunsten des Beschwerdeführers abändern, eine Verschärfung der Strafe ist unstatthaft. Dies folgt aus allgemeinen Rechtsgrundsätzen.

2. Das Beschwerdeverfahren ist auf diejenige Strafthat zu beschränken, wegen welcher die Straffestsetzung ergangen ist. Ergiebt sich, daß der in der Straffestsetzung angegebene Thatbestand nicht vorliegt, so ist der Beschwerde stattzugeben. Das R.V.A. hat es nicht für zulässig erachtet, die Bestrafung wegen einer anderen Strafthat des Beschwerdeführers, die in dem Verfahren ermittelt wurde, aufrecht zu erhalten (Handbuch Anm. 5 zu §. 106 U.V.G. und oben §. 13 unter II A a. E.).

Hat dagegen der G.V. irrthümlich eine unzutreffende Strafvorschrift angezogen, so stehen Bedenken nicht entgegen, wenn die Beschwerdebehörde den Irrthum richtig stellt. Es kommt also nur darauf an, daß die den Gegenstand des Verfahrens bildende Strafthat dieselbe bleibt. Unter Umständen läßt ein und dieselbe Strafthat die Betrachtung von zwei verschiedenen rechtlichen Gesichtspunkten zu. Werden z. B. in einer Regiebau-Nachweisung die innerhalb mehrerer Monate verwendeten Arbeitstage und gezahlten Gehälter und Löhne einheitlich nachgewiesen, ohne daß dies in der Nachweisung zum Ausdruck kommt, so ist sowohl eine Bestrafung wegen unrichtiger Angaben in den Nachweisungen als auch eine solche wegen Nichteinreichung der Nachweisungen für die früheren Monate denkbar.

3. Der Beschwerdeinstanz steht, nachdem die Beschwerde zurückgenommen oder zurückgewiesen und die Straffestsetzung dadurch rechtskräftig geworden ist, eine Befugniß, die Strafe zu ermäßigen oder aufzuheben, nicht zu. Nur die Genossenschaftsvorstände sind berechtigt, die Strafe ganz oder theilweise zu erlassen, Stundungen zu bewilligen u. dergl.

III. Die Entscheidung erfolgt ohne mündliche Verhandlung. Ueber die Form der Entscheidung bestehen keine gesetzlichen Vorschriften. Aus der Natur der Sache folgt, daß sie einen entscheidenden Theil haben müssen. Die Entwickelung der Gründe entspricht der Stellung der zur Entscheidung berufenen Behörde als einer Behörde höherer Instanz. Als Anhalt für die äußere Form der Entscheidung können die im Anhang mitgetheilten Formulare 12 bis 15 dienen.

IV. Ausfertigung der Entscheidung ist dem Beschwerdeführer zuzustellen; sind mehrere Beschwerdeführer vorhanden, so erhält jeder eine Ausfertigung. Eine Abschrift der Entscheidung ist dem G.V. zur Kenntniß mitzutheilen.

V. Die Wiederaufnahme des Verfahrens.

Die Entscheidungen der Beschwerdebehörde sind endgültig. Als außerordentliches Rechtsmittel gegen rechtskräftige Entscheidungen — also nicht nur gegen die Entscheidungen der Beschwerdebehörde, sondern auch gegen rechtskräftige Straffestsetzungen überhaupt — wird die Wiederaufnahme des Verfahrens in gewissen engen Grenzen zugelassen werden müssen. Zwar fehlt es an einer ausdrückl. Vorschrift, welche dies vorsieht, wie es jetzt der §. 84 des G.U.V.G. und die Parallelstellen der anderen Gesetze für die Entscheidungen über einen Entschädigungsanspruch thun. Es wird aber die Wiederaufnahme des Verfahrens auch für rechtskräftige Entscheidungen auf dem in Rede stehenden Gebiete bei gleich liegenden Voraussetzungen gestattet sein müssen (Handbuch Anm. 7 zu §. 106 U.V.G.).

§. 27.

Die Kosten des Verfahrens.

I. Die Kosten des Beschwerdeverfahrens bilden einen Theil der Verwaltungskosten der Beschwerdebehörde, sie fallen also der V.G. nicht zur Last. Dies ergiebt sich daraus, daß die Erledigung von Beschwerdesachen den zur Entscheidung berufenen Behörden als eigene Angelegenheiten von dem Gesetze zugewiesen worden ist, und es ist anzunehmen, daß die unmittelbar gesetzlich geregelte Mitwirkung dieser Behörden im Zweifel und mangels einer ausdrücklichen gesetzlichen Bestimmung unentgeltlich und ohne Erstattung der Auslagen seitens der V.Gn. zu erfolgen hat. So hat auch bisher das R.V.A. verauslagte Zeugengebühren und ähnliche Auslagen nicht erstattet verlangt. Die Vorschrift des §. 144 Abs. 2 G.U.V.G. (§. 154 Abs. 2 L.U.V.G., §. 45 Abs. 2 B.U.V.G., §. 141 Abs. 2 S.U.V.G.) findet hier keine Anwendung.

II. Wie der G.V. den Bestraften nicht mit den Kosten des Verfahrens belasten kann, ebensowenig ist dies mangels einer ausdrücklichen Vorschrift seitens der Beschwerdeinstanz zulässig.

Auf der anderen Seite besteht nach dem Gesetz auch nicht die Möglichkeit, dem Beschwerdeführer im Falle seines Obsiegens die ihm erwachsenen Kosten des Verfahrens, z. B. Anwaltskosten, Portogebühren ꝛc., zu erstatten (Handbuch Anm. 6 zu §. 106 U.V.G.).

5. Kapitel.

Die Strafvollstreckung.

§. 28.

Die Voraussetzungen der Strafvollstreckung und das Verfahren im Allgemeinen.

I. Eine Vollstreckung der Straffestsetzungen findet statt, wenn die Strafe freiwillig nicht gezahlt wird.

II. Die Voraussetzung für die Strafvollstreckung bildet der Eintritt der Rechtskraft der Straffestsetzung. Die Rechtskraft tritt ein mit Ablauf der Beschwerdefrist, ohne daß von dem Rechtsmittel Gebrauch gemacht worden ist, ferner mit dem Verzicht auf die Beschwerde und mit der Zurücknahme der eingelegten Beschwerde. Rechtskräftig wird eine Straffestsetzung auch dann, wenn die eingelegte Beschwerde als unzulässig verworfen oder als unbegründet zurückgewiesen worden ist. Ist die Straffestsetzung auf die Beschwerde hin abgeändert, so tritt die Entscheidung der Beschwerdeinstanz an die Stelle der Straffestsetzung.

Die Prüfung der Vollstreckbarkeit einer Straffestsetzung liegt dem G.V., welcher die Strafvollstreckung zu betreiben hat, ob. Zur Erleichterung dieser Prüfung dienen die alsbaldigen Benachrichtigungen von dem Eingange der Beschwerden seitens der zur Entscheidung über die Beschwerde berufenen Behörden (zu vergl. oben §. 24 unter V und §. 25 unter I).

III. Die Vollstreckung der Straffestsetzung erfolgt durch Beitreibung der Geldstrafen. Die Beitreibung wird in derselben Weise wie die Beitreibung von Gemeindeabgaben bewirkt (§. 153 G.U.V.G., §. 163 L.U.V.G., §. 45 Abs. 2 B.U.V.G., §. 149 S.U.V.G.).

Neben dieser Art der Vollstreckung ist es (abweichend von dem früheren Rechtszustande) durch das neue Recht noch zugelassen, die einem selbstversicherten Unternehmer auferlegten Strafbeträge durch Aufrechnung (Compensation) mit der Rente einzuziehen, die ihm von der Genossenschaft zu zahlen ist (§. 96 Abs. 2 G.U.V.G., §. 102 Abs. 2 L.U.V.G., §. 87 Abs. 1 B.U.V.G., §. 100 Abs. 2 S.U.V.G.).

IV. Das Verfahren, welches bei der Beitreibung zu befolgen ist, richtet sich nach Landesrecht. Für Preußen ist jetzt die Verordnung, betr. das Verwaltungszwangsverfahren wegen Beitreibung von Geldbeträgen, vom 15. November 1899 (G.S. S. 545 ff.) maßgebend. Folgende allgemeine Grundsätze sind hier hervorzuheben:

1. Die Einleitung des Beitreibungsverfahrens erfolgt mittelst eines an die zuständige Vollstreckungsbehörde zu richtenden Ersuchens.

2. Die ersuchte Behörde hat nicht die Pflicht und auch nicht die Befugniß, die Rechtmäßigkeit des Ersuchens zu prüfen. Sie kann daher auch von dem G.V. nicht den Nachweis fordern, daß die Straffestsetzung rechtskräftig geworden, oder daß Beschwerde nicht eingelegt worden ist. Die Verantwortung für die Rechtmäßigkeit des Ersuchens, insbesondere für die Vollstreckbarkeit, hat der G.V. allein zu tragen (Handbuch Anm. 4 zu §. 74 U.V.G., Bf. v. 14. 4. 1899 I. 8796).

3. Für die Beurtheilung der Frage, ob von einem fruchtlos ausgepfändeten Schuldner die Leistung des Offenbarungseides zu verlangen ist, ist das Landesrecht maßgebend (zu vergl. für Preußen §. 21 der Verordnung vom 15. 11. 1899).

4. Die Kosten der Beitreibung hat der Schuldner zu zahlen, sie sind zugleich mit der Geldstrafe beizutreiben. Auch in dieser Beziehung ist das Landesrecht maßgebend. (Für Preußen vergl. §. 16 der Verordnung vom 15. 11. 1899).

5. Die Vollstreckung ist auch in einen Nachlaß zulässig, wenn die Straffestsetzung bei Lebzeiten des Bestraften rechtskräftig geworden ist (Handbuch Anm. 3 zu §. 109 U.V.G.). Soweit nach den Vorschriften des bürgerlichen Rechts Dritte, insbesondere die Erben, Ehegatten 2c. des Bestraften, kraft Gesetzes zur Duldung der Zwangsvollstreckung verpflichtet

sind, kann das Zwangsverfahren auch gegen diese Personen angeordnet werden (für Preußen §. 3 der Verordnung vom 15. 11. 1899). Dagegen ist die Vollstreckung einer Strafe unzulässig, wenn der Tod des Bestraften vor Eintritt der Rechtskraft der Straffestsetzung eingetreten ist, da in diesem Falle die Bestrafung überhaupt hinfällig wird.

V. Die beigetriebenen Strafgelder fließen in die Genossenschaftskasse (§. 154 Abs. 2 G.U.V.G., §. 164 Abs. 2 L.U.V.G., §. 45 Abs. 2 B.U.V.G., §. 149 S.U.V.G.). Sie sind als laufende Verwaltungseinnahmen der B.G. zu behandeln. Die Bildung eines zu besonderen Zwecken dienenden Vermögensstocks aus ihnen ist unzulässig (Handbuch Anm. 8 zu §. 106 U.V.G.).

§. 29.

Einwendungen in der Vollstreckungsinstanz.

I. In der Vollstreckungsinstanz sind Einwendungen nicht mehr zulässig, welche in der rechtskräftig gewordenen Straffestsetzung oder in der Entscheidung der Beschwerdeinstanz ihre Erledigung gefunden haben, oder nur deshalb nicht erledigt sind, weil der Beschwerdeführer diese nicht rechtzeitig geltend gemacht hat.

II. Die Frage, in welchen Fällen der Schuldner das Zwangsverfahren abwenden kann, ist nach Landesrecht zu beurtheilen. In Preußen ist dies nur zulässig, wenn der Schuldner eine Fristbewilligung vorzeigt oder die vollständige Berichtigung des beizutreibenden Geldbetrags durch Quittung oder durch Vorlegung eines Postscheins nachweist.

III. Erhebt der Schuldner den Einwand, daß er gegen die Straffestsetzung rechtzeitig Beschwerde erhoben, die Straffestsetzung also nicht rechtskräftig geworden sei, und weist er dieses gehörig nach, so empfiehlt es sich, das Verfahren einstweilen auszusetzen — falls dies nach Landesrecht zulässig ist —, und die Sache dem G.V. zur Kenntniß zu bringen. Zieht der G.V. sein Ersuchen nicht zurück, so steht es dem

Schuldner und der Vollstreckungsbehörde frei, dieserhalb bei dem R.V.A. vorstellig zu werden.

IV. Einwendungen gegen die Art und Weise der Zwangsvollstreckung — insbesondere gegen das von dem Vollziehungsbeamten zu beobachtende Verfahren, gegen die Pfändung bestimmter Gegenstände und Forderungen, deren Unpfändbarkeit behauptet wird — sind bei der Vollstreckungsbehörde geltend zu machen. Gegen deren Entscheidung sind die nach Landesrecht zulässigen Rechtsmittel gegeben (in Preußen Beschwerde bei der vorgesetzten Dienstbehörde des betreffenden Beamten — §. 2 der Verordnung vom 15. 11. 1899).

Dasselbe gilt von dem Einwande der nicht erfolgten vorherigen Mahnung (Zahlungsaufforderung), wenn eine solche nach Landesrecht der Zwangsvollstreckung vorhergehen soll (für Preußen zu vergl. §. 7 a. a. O.).

V. Beschwerden des G.V. über das Verfahren der Vollstreckungsbehörde — z. B. wegen zu Unrecht gemachter Abzüge u. dergl. — gehen an die der Vollstreckungsbehörde vorgesetzte Dienstbehörde. Auch in dieser Beziehung ist das Landesrecht maßgebend (zu vergl. auch Besch. 444, A.N. 1887 S. 378).

Anhang.

I.
Die gesetzlichen Bestimmungen.[1]

A. Gewerbe-Unfallversicherungsgesetz
vom 30. Juni 1900.

§. 43 (24).[2]

Wählbar zu Mitgliedern der Vorstände und zu Vertrauensmännern sind die stimmberechtigten Mitglieder der Genossenschaft sowie deren gesetzliche Vertreter und, sofern das Statut dies zuläßt, die von den Unternehmern bevollmächtigten Leiter ihrer Betriebe. Nicht wählbar ist, wer zum Amte eines Schöffen unfähig ist (§§. 31, 32 des Gerichtsverfassungsgesetzes).

Die Ablehnung der Wahl ist nur aus denselben Gründen zulässig, aus welchen gemäß §. 1786 Abs. 1 Ziffer 2

---

[1]) Die Aenderungen, welche die früheren Unfallversicherungsgesetze durch die neuen Gesetze vom 30. Juni 1900 erfahren haben, sind durch gesperrten Druck hervorgehoben.

[2]) Die Zahlen in den Klammern bezeichnen die entsprechenden Paragraphen der bisherigen Gesetze.

bis 4 und 8 des Bürgerlichen Gesetzbuchs das Amt eines Vormundes abgelehnt werden kann. Die Wahrnehmung eines auf Grund der Gesetze über Krankenversicherung, Unfallversicherung oder Invalidenversicherung übertragenen Ehrenamts steht der Führung einer Vormundschaft gleich. Durch das Statut können noch andere Ablehnungsgründe festgesetzt werden. Die Wiederwahl kann für eine Wahlperiode abgelehnt werden.

Personen, welche die Wahl ohne zulässigen Grund ablehnen oder sich der Ausübung ihres Amtes ohne hinreichende Entschuldigung entziehen, können vom Vorstande mit Geldstrafen bis zu fünfhundert Mark belegt werden.

§. 146 (103).

Die Genossenschaftsvorstände sind befugt, gegen Betriebsunternehmer Geldstrafen bis zu fünfhundert Mark zu verhängen:

1. wenn die von denselben auf Grund gesetzlicher oder statutarischer Bestimmung eingereichten Arbeiter- und Lohnnachweisungen oder die den zuständigen Genossenschaftsorganen behufs Veranlagung der Betriebe zu den Klassen des Gefahrentarifs abgegebenen Erklärungen thatsächliche Angaben enthalten, deren Unrichtigkeit ihnen bekannt war oder bei Anwendung angemessener Sorgfalt nicht entgehen konnte;
2. wenn in der von ihnen gemäß §. 56 erstatteten Anzeige als Zeitpunkt der Eröffnung oder des Beginns der Versicherungspflicht des Betriebs ein späterer Tag angegeben ist als der, an welchem die Eröffnung stattgefunden oder die Versicherungspflicht begonnen hat, voraus-

gesetzt, daß die Unrichtigkeit der Angabe ihnen bekannt war oder bei Anwendung angemessener Sorgfalt nicht entgehen konnte.

§. 147 (104).

Betriebsunternehmer, welche den ihnen obliegenden Verpflichtungen in Betreff der Anmeldung der Betriebe und Betriebsänderungen (§§. 35, 56, 61, 62), in Betreff der Führung und Aufbewahrung der Lohnlisten (Lohnbücher) sowie der Einreichung der Arbeiter- und Lohnnachweisungen (§§. 74, 99) oder in Betreff der Erfüllung der für Betriebseinstellungen und für einen Wechsel des Betriebsunternehmers gegebenen statutarischen Vorschriften (§. 37 Ziffer 7) nicht rechtzeitig nachkommen, können von dem Genossenschaftsvorstande mit Geldstrafen bis zu dreihundert Mark belegt werden.

Die gleiche Strafe kann, wenn die Anzeige eines Unfalls in Gemäßheit des §. 63 nicht rechtzeitig erfolgt ist, gegen denjenigen verhängt werden, welcher zu der Anzeige verpflichtet war.

§. 148 (105).

Die Strafvorschriften der §§. 146, 147 finden auch gegen die gesetzlichen Vertreter handlungsunfähiger Betriebsunternehmer, desgleichen gegen die Mitglieder des Vorstandes einer Aktiengesellschaft, Innung oder eingetragenen Genossenschaft sowie gegen die Liquidatoren einer Handelsgesellschaft, Innung oder eingetragenen Genossenschaft Anwendung.

§. 149 (106 Abs. 2).

Gegen Straffestsetzungen des Genossenschaftsvorstandes steht den Betheiligten innerhalb zweier Wochen nach der Zustellung die Beschwerde zu. Ueber dieselbe entscheidet, vorbehaltlich der Bestimmungen der §§. 116, 124 Abs. 3, diejenige Behörde, welche von der für den Sitz des Betriebs zuständigen Landes-Zentralbehörde bestimmt ist.

§. 153.

Geldstrafen, welche auf Grund dieses Gesetzes verhängt werden, mit Ausnahme derjenigen, auf welche von den Gerichten erkannt ist, werden in derselben Weise beigetrieben wie Gemeindeabgaben.

§. 154 Abs. 2 (106 Abs. 3).

Die übrigen auf Grund dieses Gesetzes verhängten Geldstrafen fließen, soweit sie nicht von den Gerichten erkannt sind, in die Genossenschaftskasse.

§. 155 (110).

Zustellungen, welche den Lauf von Fristen bedingen, können durch die Post mittelst eingeschriebenen Briefes erfolgen. Posteinlieferungsscheine begründen nach Ablauf von zwei Jahren seit ihrer Ausstellung die Vermuthung für die in der ordnungsmäßigen Frist nach der Einlieferung erfolgte Zustellung.

Personen, welche nicht im Inlande wohnen, können von den zustellenden Behörden und Genossenschaftsorganen aufgefordert werden, einen Zustellungsbevollmächtigten zu bestellen.

Ist der Aufenthalt einer Person, welcher zugestellt werden soll, nicht ermittelt oder wird der nach Abs. 2 ergangenen Aufforderung nicht innerhalb der gesetzten Frist genügt, so kann die Zustellung durch öffentlichen Aushang während einer Woche in den Geschäftsräumen der zustellenden Behörden oder Genossenschaftsorgane ersetzt werden.

B. Unfallversicherungsgesetz für Land- und Forstwirthschaft
vom 30. Juni 1900.

§. 45 (29)

stimmt wörtlich mit dem §. 43 des G.U.V.G. (zu vergl. oben S. 101) überein, nur fehlt hier in der zweiten Zeile das Wort: „stimmberechtigten" vor „Mitglieder der Genossenschaft".

§. 156 (123).[1])

Betriebsunternehmer können von dem Genossenschaftsvorstande mit Geldstrafen bis zu fünfhundert Mark belegt werden, wenn die von ihnen in Gemäßheit des §. 54 Abs. 2, §. 56 ertheilte Auskunft oder die in Gemäßheit der §§. 68, 69 erstattete Anzeige oder Anmeldung, imgleichen wenn die von ihnen in Gemäßheit der §§. 80, 108 eingereichten Gehalts- oder Lohnnachweisungen oder die den zuständigen Genossenschaftsorganen behufs Veranlagung der Betriebe zu den Klassen des Gefahrentarifs abgegebenen Erklärungen thatsächliche Angaben enthalten, deren Unrichtigkeit ihnen bekannt war oder bei Anwendung angemessener Sorgfalt nicht entgehen konnte.

§. 157 (124).[2])

Betriebsunternehmer, welche der ihnen obliegenden Verpflichtung zur Ertheilung von Auskunft in den Fällen des §. 54 Abs. 2, §. 56, zur Anzeige oder Anmeldung in den Fällen der §§. 68, 69, zur Einreichung der Gehalts- oder Lohnnachweisungen in den Fällen der §§. 80, 108 oder zur Erfüllung der für Betriebseinstellungen und für einen Wechsel des Betriebsunternehmers gegebenen statutarischen Vorschriften (§. 38 Ziffer 8) nicht

---

[1]) Zu vergl. §. 146 G.U.V.G.
[2]) Zu vergl. §. 147 G.U.V.G.

rechtzeitig nachkommen, können von dem Genossenschaftsvorstande mit Geldstrafen bis zu dreihundert Mark belegt werden.

Die gleiche Strafe kann, wenn die Anzeige eines Unfalls nicht rechtzeitig in Gemäßheit des §. 70 erfolgt ist, gegen denjenigen verhängt werden, welcher zu der Anzeige verpflichtet war.

§. 158 (125)

stimmt mit §. 148 G.U.V.G. (zu vergl. oben S. 103) überein. An Stelle der §§. 146, 147 sind hier die §§. 156, 157 zu setzen.

§. 159 (126 Abs. 2)

stimmt mit §. 149 G.U.V.G. (zu vergl. oben S. 103) überein. An Stelle der §§. 116, 124 Abs. 3 sind hier die §§. 124, 130 Abs. 3 zu setzen.

§. 163 (130)

stimmt wörtlich mit dem §. 153 G.U.V.G. (zu vergl. oben S. 104) überein. Diese Vorschrift war bereits in dem alten Gesetz enthalten.

§. 164 Abs. 2 (§. 126 Abs. 3)

stimmt wörtlich mit §. 154 Abs. 2 G.U.V.G. (zu vergl. oben S. 104) überein.

§. 166 (132)

stimmt mit §. 155 G.U.V.G. (zu vergl. oben S. 104) wörtlich überein.

C. Bau-Unfallversicherungsgesetz

vom 30. Juni 1900.

§. 45 (49) Abs. 2.

Die Vorschriften der §§. 135, 139 bis 155 des Gewerbe-Unfallversicherungsgesetzes finden auf das Bau-Unfallversicherungsgesetz „entsprechende Anwendung, die Strafbestimmungen insbesondere auch bezüglich der Einreichung und Richtigkeit der für die Berechnung der Prämien maßgebenden Nachweisungen (§. 24)".

D. See-Unfallversicherungsgesetz
vom 30. Juni 1900.

§. 43 (30).[1]

Wählbar zu Mitgliedern der Vorstände und zu Vertrauensmännern sind die stimmberechtigten Mitglieder der Genossenschaft sowie deren gesetzliche Vertreter und, sofern das Statut dies zuläßt, die Bevollmächtigten der Rheder sowie die Korrespondentrheder (§. 33). Nicht wählbar ist, wer zum Amte eines Schöffen unfähig ist (§§. 31, 32 des Gerichtsverfassungsgesetzes).

Die Ablehnung der Wahl ist nur aus denselben Gründen zulässig, aus welchen gemäß §. 1786 Abs. 1 Ziffer 2 bis 4 und 8 des Bürgerlichen Gesetzbuchs das Amt eines Vormundes abgelehnt werden kann. Die Wahrnehmung eines auf Grund der Gesetze über Krankenversicherung, Unfallversicherung oder Invalidenversicherung übertragenen Ehrenamts steht der Führung einer Vormundschaft gleich. Durch das Statut können noch andere Ablehnungsgründe festgesetzt werden. Die Wiederwahl kann für eine Wahlperiode abgelehnt werden.

Personen, welche die Wahl ohne zulässigen Grund ablehnen oder sich der Ausübung ihres Amtes ohne hinreichende Entschuldigung entziehen, können vom Vorstande mit Geldstrafen bis zu fünfhundert Mark belegt werden.

---

[1]) Zu vergl. §. 43 G.U.V.G.

§. 143 (117).[1])

Die Betriebsunternehmer, Mitrheder, Korrespondentrheder und Bevollmächtigten sowie die Schiffsführer können von dem Genossenschaftsvorstande mit Geldstrafen bis zu fünfhundert Mark belegt werden, wenn in den von ihnen auf Grund statutarischer oder gesetzlicher Bestimmungen eingereichten Nachweisungen oder in der auf Grund solcher Bestimmungen von ihnen erforderten Auskunft oder in den Erklärungen, welche den zuständigen Genossenschaftsorganen behufs Veranlagung der Betriebe zu den Klassen des Gefahrentarifs abgegeben sind, thatsächliche Angaben enthalten sind, deren Unrichtigkeit ihnen bekannt war oder bei Anwendung angemessener Sorgfalt nicht entgehen konnte.

§. 144 (118).[2])

Betriebsunternehmer, Mitrheder, Korrespondentrheder und Bevollmächtigte sowie die Schiffsführer, welche der auf Grund gesetzlicher oder statutarischer Bestimmungen ihnen obliegenden Verpflichtung zur Ernennung von Bevollmächtigten und zur Mittheilung des Namens derselben sowie etwaiger Veränderungen in der Person derselben an den Genossenschaftsvorstand, zur Anmeldung von Betriebsveränderungen, zur Einreichung von Nachweisungen, zur Ertheilung von Auskunft oder zur Erfüllung der für Betriebseinstellungen gegebenen statutarischen Vorschriften nicht rechtzeitig nachkommen, können von dem Genossenschaftsvorstande mit Geldstrafen bis zu dreihundert Mark belegt werden.

Dasselbe gilt bei Zuwiderhandlungen gegen die Verpflichtungen bezüglich

a) der Eintragungen in das Schiffsjournal (§. 65 Abs. 1),
b) der Führung der Unfallnachweisung (§. 65 Abs. 2),
c) der Mittheilung der Eintragungen (§. 65 Abs. 3),

---

[1]) Zu vergl. §. 146 G.U.V.G.
[2]) Zu vergl. §. 147 G.U.V.G.

d) der Unfallanzeigen (§. 65 Abs. 4, §. 66 Abs. 1),
e) der Herbeiführung der Unfalluntersuchungen (§. 69 Abs. 1 und 2),
f) der Abgabe eidesstattlicher Erklärungen (§. 69 Abs. 1).

§. 145 (119).[1]

Die in den §§. 143, 144 für Betriebsunternehmer getroffenen Strafbestimmungen finden Anwendung:

a) wenn eine Aktiengesellschaft, eingetragene Genossenschaft, Innung oder andere juristische Person Rheder oder Mitrheder ist, auf alle Mitglieder des Vorstandes,
b) wenn eine andere Handelsgesellschaft oder eine Kommanditgesellschaft auf Aktien Rheder oder Mitrheder ist, auf alle persönlich haftenden Gesellschafter.

Im Uebrigen finden die Strafvorschriften der §§. 143, 144 auch gegen die gesetzlichen Vertreter handlungsunfähiger Berufsgenossen sowie gegen die Liquidatoren einer Handelsgesellschaft, Innung oder eingetragenen Genossenschaft Anwendung.

§. 146 (120 Abs. 2).

Die Rheder haften für die ihnen oder dem Schiffsführer auf Grund der §§. 143 bis 145 auferlegten Strafen nach Maßgabe der Bestimmungen des §. 111 Abs. 1.

§. 147 (120 Abs. 1)

stimmt mit §. 149 G.U.V.G. (zu vergl. oben S. 103) überein. An Stelle der §§. 116, 124 Abs. 3 sind hier die §§. 122, 126 Abs. 3 zu setzen.

§. 149 (122).[2]

Geldstrafen, welche auf Grund dieses Gesetzes verhängt sind, mit Ausnahme derjenigen, auf welche von den Gerichten

[1]) Zu vergl. §. 148 G.U.V.G.
[2]) Zu vergl. §§. 153 u. 154 Abs. 2 G.U.V.G.

erkannt ist, werden in derselben Weise beigetrieben wie Gemeindeabgaben und fließen in die Genossenschaftskasse.

§. 150 (123).[1]

Zustellungen, welche den Lauf von Fristen bedingen, können durch die Post mittelst eingeschriebenen Briefes erfolgen. Posteinlieferungsscheine begründen nach Ablauf von zwei Jahren seit ihrer Ausstellung die Vermuthung für die in der ordnungsmäßigen Frist nach der Einlieferung erfolgte Zustellung.

Personen, welche nicht im Inlande wohnen, können von den zustellenden Behörden und Genossenschaftsorganen aufgefordert werden, einen Zustellungsbevollmächtigten zu bestellen.

Ist der Aufenthalt einer Person, welcher zugestellt werden soll, nicht ermittelt oder wird der nach Abs. 2 ergangenen Aufforderung nicht innerhalb der gesetzlichen Frist genügt, so kann die Zustellung durch öffentlichen Aushang während einer Woche in den Geschäftsräumen der zustellenden Behörden oder Genossenschaftsorgane ersetzt werden.

[1]) Zu vergl. §. 155 G.U.V.G.

II.

Die wichtigsten Rundschreiben des Reichs-Versicherungsamts, welche das Strafrecht der Berufsgenossenschaften betreffen.

1. Rundschreiben an die Vorstände der Berufsgenossenschaften, betreffend den Erlaß von Strafverfügungen. — R.V.A. I. 7274.

Vom 20. April 1886.

Die gegenwärtig in sehr großer Zahl eingehenden Beschwerden gegen Strafverfügungen der Berufsgenossenschafts-Vorstände lassen erkennen, daß einzelne Vorstände die ihnen im §. 104 des Unfallversicherungsgesetzes übertragenen Strafbefugnisse zu dem Versuche anwenden, um Betriebe, welche in das Genossenschaftskataster bislang nicht aufgenommen worden sind, in die Berufsgenossenschaft einzubeziehen.

Bei den Verhandlungen über derartige Beschwerden hat sich dann häufig herausgestellt, daß der Vorstand selbst genöthigt war, seine Strafverfügung ohne Weiteres zurückzuziehen, weil der Unternehmer bereits einer anderen Berufsgenossenschaft rechtsgültig angehörte, oder weil der Betrieb zweifellos überhaupt nicht versicherungspflichtig war.

Eine solche Ausübung der Strafbefugnisse entspricht nicht den gesetzlichen Bestimmungen, vielmehr ist es Pflicht des Genossenschaftsvorstandes, vor dem Erlaß einer Strafverfügung wegen Nichtanmeldung eines Betriebes gewissenhaft zu prüfen, ob die Mitgliedschaft des Unternehmers gesetzlich begründet ist.

Ferner ist bemerkt worden, daß in einzelnen Berufsgenossenschaften nicht, wie das Gesetz vorschreibt, die Vorstände als solche die Strafe verhängen, sondern der Vorsitzende des Vorstandes allein. Dieses Verfahren ist dann weiter sogar dahin ausgedehnt worden, daß Formulare zu Strafverfügungen benutzt werden, welche die Namensunterschrift des Vorsitzenden in Typendruck enthalten. Es liegt auf der Hand, daß es leicht zu argen Mißbräuchen führen kann, wenn ein Vorrath derartiger Formulare dem Büreaupersonal zugänglich ist.

Schon zur Verhütung eines solchen Mißbrauches ist es unerläßlich, daß jede einzelne Strafverfügung, nachdem der Vorstand die Verhängung der Strafe beschlossen hat, von dem Vorsitzenden oder von dessen Stellvertreter oder einem anderen Vorstandsmitgliede (je nach den statutarischen Bestimmungen) handschriftlich vollzogen wird. An diese Einrichtung läßt sich dann eine entsprechend genaue Kontrolirung des Einganges der Strafgelder knüpfen, während die Versendung von Strafverfügungen mit gedruckten Unterschriften der Unterschlagung der darauf etwa eingehenden Beträge Thür und Thor öffnet.

Das Reichs-Versicherungsamt sieht sich demnach veranlaßt, im Anschluß an sein Rundschreiben vom 22. Januar 1886 — Nr. 1212 —, den Berufsgenossenschafts-Vorständen nochmals zu empfehlen, unter strenger Wahrung der gesetzlichen Vorschriften, jedenfalls nur in solchen Fällen von ihrer Strafgewalt Gebrauch zu machen, in welchen die Mitgliedschaft des betreffenden Unternehmers durch vorherige eingehende Ermittelungen festgestellt oder durch eine nicht angefochtene Eintragung in das Genossenschaftskataster konstatirt ist.

Dabei werden die Genossenschaftsvorstände wohl daran thun, ihre Strafbefugniß nur mit weiser Beschränkung zu handhaben und im Allgemeinen nur da Strafen zu verhängen, wo die Pflichtversäumniß auf bösem Willen oder grober Nachlässigkeit beruht.

Dies gilt insbesondere auch von der Verhängung von Strafen gegen Betriebsunternehmer, welche den ihnen obliegenden Verpflichtungen in Betreff der Einreichung der Arbeiter- und Lohnnachweisungen, sowie hinsichtlich der Erstattung der Unfall-Anzeigen nicht rechtzeitig nachkommen.

Die Sektionsvorstände und Vertrauensmänner sind gefälligst, soweit nöthig, dahin zu verständigen, daß sie sich bei ihren Anträgen auf den Erlaß von Strafverfügungen von den gleichen Gesichtspunkten leiten lassen und die Vermögensverhältnisse der zu Bestrafenden bei ihren Strafvorschlägen jedesmal mit in Rechnung ziehen.

Uebrigens bieten, was die Arbeiter- und Lohnnachweisungen anlangt, die Bestimmungen der §§. 71 Absatz 3 und 73 Absatz 3 a. a. O. den Vorständen in der Regel ein geeigneteres Mittel um zum Ziele zu gelangen, als die Verhängung von Ordnungsstrafen es ist. In den meisten Fällen wird die bloße Hinweisung auf diese Bestimmungen genügen, um die Betriebsunternehmer zur Einreichung der Nachweisungen zu vermögen. (Wegen der Berichtigung der eingehenden Nachweisungen vgl. Bescheid Nr. 137, „Amtliche Nachrichten des Reichs-Versicherungsamts" 1886 Seite 54.).

Das Reichs-Versicherungsamt.

Bödiker.

2. Rundschreiben an die Vorstände der ausschließlich vom Reichs-Versicherungsamt ressortirenden gewerblichen Berufsgenossenschaften, betreffend den Erlaß von Strafverfügungen.

Vom 8. Februar 1890. — R.V.A. I. 4900.

In den Rundschreiben vom 22. Januar und 20. April 1886 — R.V.A. I. 1212 und 7274 — (Amtliche Nachrichten des R.V.A. 1886 Seite 66), sowie in zahlreichen auf Grund der §§. 106 Absatz 2, 90e des Unfallversicherungsgesetzes getroffenen Entscheidungen (vergleiche die Bescheide Ziffer 145 — Amtliche Nachrichten, Jahrgang 1886 Seite 56 —, Ziffer 170 — a. a. O. Seite 91 —, Ziffer 175 — a. a. O. Seite 93 —, Ziffer 653 — Jahrgang 1889 Seite 119 — und Ziffer 662 — ebenda Seite 140) ist dargelegt worden, welche Grundsätze seitens der Genossenschaftsvorstände bei Ausübung der ihnen in den §§. 103 ff. a. a. O. übertragenen Befugniß zur Verhängung von Ordnungsstrafen gegen Betriebsunternehmer ꝛc. zu beachten sind. Es hat denn auch die Mehrzahl der Genossenschaftsvorstände in anerkennenswerther Weise einen maßvollen und im Allgemeinen richtigen Gebrauch von ihrer Strafgewalt gemacht. Dagegen wird von anderen Vorständen gegen die geltenden Grundsätze noch oft verstoßen, und da bei dem Erlaß von Strafverfügungen neuerdings auch sonstige Mängel zu Tage getreten sind, welche es mit verschuldet haben, daß die Zahl der hier eingegangenen Strafbeschwerden im Jahre 1889 gegen das Vorjahr um mehr als das Doppelte gestiegen ist, so sieht sich das Reichs-Versicherungsamt veranlaßt, die Vorstände um genaue Beachtung folgender Bemerkungen ergebenst zu ersuchen.

Dabei verkennt dasselbe nicht, daß eine strenge Handhabung der Strafbefugnisse unter Umständen zur Durchführung der berufsgenossenschaftlichen Aufgaben geboten ist.

1. Die verhängten Strafen dürfen niemals dazu führen, daß der davon Betroffene einen ungleich empfindlicheren Nachtheil erleidet, als es der Zweck der Bestrafung erheischt. Dies ist aber der Fall, wenn durch eine Ordnungsstrafe eine schwere wirthschaftliche Schädigung, ja in einzelnen Fällen geradezu die Gefährdung der Existenz eines Unternehmers herbeigeführt wird. Die in dieser Richtung von kleineren Gewerbetreibenden erhobenen Klagen haben nicht selten als begründet anerkannt werden müssen. Dazu kommt, daß eine unnachsichtlich harte Strafpraxis nur allzusehr geeignet ist, in den Kreisen der kleineren Unternehmer Unzufriedenheit mit dem gesetzlich bestehenden Versicherungszwange hervorzurufen, — eine Folge, welche die Genossenschaftsvorstände, selbst abgesehen von allen höheren Rücksichten, schon im Interesse der Erfüllung ihrer sonstigen Aufgaben thunlichst werden vermeiden wollen.

Es ist deshalb unerläßlich, daß jeder einzelne Fall, welcher nach den gesetzlichen und statutarischen Vorschriften die Möglichkeit einer Bestrafung gewährt, daraufhin sorgfältig geprüft wird, ob eine Strafverhängung überhaupt erforderlich, und welches Strafmaß angemessen ist.

2. Vor Erlaß der Strafverfügung müssen alle Zweifel an der rechtlichen Zulässigkeit der Bestrafung beseitigt, also diejenigen Umstände, welche den Thatbestand der betreffenden Ordnungswidrigkeit darstellen, durch genügend genaue Ermittelungen als vorhanden festgestellt sein.

Eine Straffestsetzung, welche ohne hinreichende Beweisunterlage erfolgt, läßt die bei Handhabung jeder Strafgewalt gebotene Gründlichkeit vermissen und ist geeignet, das Vertrauen gegenüber dem strafenden Organ zu gefährden. Ein derartiges Verfahren kann mit der Möglichkeit einer Abänderung der getroffenen Festsetzung in der Beschwerdeinstanz nicht entschuldigt werden, weil die Beschwerde oft aus anderen zufälligen Gründen unterbleibt, und es nicht Sache der Beschwerdeinstanz sein kann, die für die Strafverhängung wesentlichen ersten thatsächlichen Ermittelungen selbst vorzunehmen, dieselbe vielmehr in der Hauptsache nur eine Nachprüfung desjenigen Thatbestandes zur Aufgabe hat, welcher der Verhängung der Strafe zu Grunde lag.

Die Erledigung der letzteren Aufgabe bedingt es, daß die Vorstände das Ergebniß ihrer Ermittelungen thunlichst in solcher Form zu ihren Akten bringen, daß daraus auch gegenüber einem bestimmten Bestreiten des Bestraften in der Beschwerdeinstanz ein ausreichender Beweis ohne Weiteres entnommen werden kann.

3. Eine Bestrafung kann dann, wenn zwar die objektive Thatsache der Nichtbefolgung einer Vorschrift feststeht, ein schuldhaftes Verhalten des Zuwiderhandelnden aber nach Lage der Sache ausgeschlossen erscheint, im Allgemeinen nicht für gerechtfertigt erachtet werden.

Aus diesem Grunde muß der von einigen Genossenschaftsvorständen eingeschlagene Weg, mittelst Verhängung von Strafen zweifelhafte Katasterfragen der diesseitigen Entscheidung zu unterbreiten, als ein nicht zulässiger bezeichnet werden, da in solchen Fällen bei dem Bestraften ein schuldhaftes Verhalten meist nicht anzunehmen ist. Es bleibt daher der bereits in dem Rundschreiben vom 20. April 1886 ausgesprochene Grundsatz bestehen, daß eine Bestrafung regelmäßig nur dann erfolgen darf, wenn die katastermäßige Zugehörigkeit des betreffenden Betriebes zu Bedenken keinen Anlaß giebt.

4. Die Außerachtlassung des erwähnten Moments der strafbaren Verschuldung ist auch Anlaß gewesen, daß einige Vorstände dem diesseitigen Bescheide vom 21. Oktober 1888 — Amtliche

Nachrichten des R.V.A. 1888 Ziffer 616 Seite 335 — eine unrichtige Auslegung gegeben haben, indem sie aus demselben das Recht herleiteten, Strafen wegen verspäteter Betriebsanmeldung lediglich zu dem Zwecke zu verhängen, um hierdurch einen Ersatz für diejenigen Beträge zu erlangen, um welche die übrigen Mitglieder durch die Nichtheranziehung des Bestraften zu früheren Umlagen geschädigt worden sind. Wenn in jenem Bescheide bei Begründung der Ansicht, daß von verspätet angemeldeten Betrieben nachträglich Beiträge nur für das dem laufenden Jahre vorausgehende Kalenderjahr gefordert werden können, u. A. auch angeführt wird, daß eine erhebliche Benachtheiligung der Berufsgenossenschaften durch Unterlassung der Nachtragserhebung regelmäßig auch deshalb nicht in Rede stehen werde, weil durch die Strafbefugniß nach §. 104 Absatz 1 des Unfallversicherungsgesetzes die Möglichkeit der Schadloshaltung gewährt sei, so haben damit die allgemein anerkannten Voraussetzungen jeder Bestrafung nicht beseitigt und an ihrer Stelle der vermögensrechtliche Gesichtspunkt der Ersatzerlangung als zulässiger Strafgrund nicht eingeführt werden sollen und können. Es sollte vielmehr nur darauf hingewiesen werden, daß die durch Ausübung der Strafbefugniß erzielte außerordentliche Einnahme als ein Entgelt für die uneinziehbaren Beiträge angesehen werden möge. Von bestimmendem Einfluß kann dieser der Berufsgenossenschaft entgangene Betrag bei der Straffestsetzung nur insofern sein, als er den durch die strafbare Handlung verursachten Schaden darstellt und als solcher bei der Strafzumessung in Berücksichtigung zu ziehen ist. Die daneben zu beachtenden Momente, wie die Schwere der Schuld, die Lebens- und Vermögensverhältnisse des Thäters ꝛc., werden manchmal Veranlassung geben, die Strafe erheblich niedriger, als der Betrag des Schadens ist, zu bemessen, während sie andererseits unter Umständen auch zu einem Ueberschreiten des Schadensbetrages führen können.

Um übrigens den entstandenen Schaden in der Beschwerdeinstanz richtig beurtheilen zu können, wollen die Vorstände in jedem derartigen Falle den Betrag der entgangenen Beiträge ermitteln und hierher in dem zu erstattenden Bericht angeben.

5. Es genügt nicht, die Strafverfügung nur durch eine Bezugnahme auf die betreffenden gesetzlichen oder statutarischen Bestimmungen oder durch deren Abdruck zu begründen. Es ist vielmehr erforderlich, daß auch die konkreten Thatsachen angeführt werden, welche in dem besonderen Falle den Thatbestand der in Frage kommenden Ordnungswidrigkeit darstellen, damit der Bestrafte darüber völlige Klarheit erlangt, durch welche besondere Handlung beziehungsweise Unterlassung er die gesetzlichen oder statutarischen Vorschriften verletzt hat. Insbesondere bei einer Be-

strafung wegen unrichtiger in einer der vorgeschriebenen Nachweisungen sich findender thatsächlicher Angaben ist genau mitzutheilen, worin die Unrichtigkeit gefunden wird, mithin anzuführen, wieviel versicherte Personen beziehungsweise Arbeitstage, welche Lohn- oder Gehaltsbeträge von dem Unternehmer angegeben worden sind, und wieviel mehr den thatsächlichen Verhältnissen entsprechend hätte angegeben werden müssen. Anderenfalls fehlt dem Bestraften die Möglichkeit, die Rechtmäßigkeit der Strafe zu prüfen und sich rechtzeitig über die Einlegung der Beschwerde schlüssig zu machen. Er verbleibt oft in der irrthümlichen Meinung, seinen Verpflichtungen in vollem Umfange nachgekommen zu sein, und erhebt in Folge dessen eine aussichtslose oder wenigstens anfangs ungenügend begründete Beschwerde.

6. In den Strafverfügungen wird vielfach die zwangsweise Beitreibung der Strafe für den Fall angedroht, daß nicht innerhalb einer Woche nach Zustellung des Strafbescheides Zahlung erfolgt. Da die gegen den Bescheid zulässige Beschwerde aufschiebende Wirkung hat — Bescheid Ziffer 145, Amtliche Nachrichten des R.V.A. 1886 Seite 56 —, so sind derartige Zahlungsfristen nicht von der Zustellung, sondern von der mit dem Ablauf von zwei Wochen seit der Zustellung eintretenden Rechtskraft der Strafverfügung an festzusetzen.

Das Reichs-Versicherungsamt.
Dr. Bödiker.

---

3. Rundschreiben an die Vorstände der ausschließlich vom Reichs-Versicherungsamt ressortirenden gewerblichen Berufsgenossenschaften, betreffend den Erlaß von Strafverfügungen.

Vom 10. Mai 1895 — R.V.A. I. 11361 —.

Während die Mehrzahl der Berufsgenossenschaftsvorstände bei Ausübung der ihnen gemäß §§. 103 ff. des Unfallversicherungsgesetzes zustehenden Strafbefugniß die in den Rundschreiben vom 22. Januar 1886 — I. 1212 —, 20. April 1886 und 8. Februar 1890 (Amtliche Nachrichten des R.V.A. 1886 Seite 66 und 1890 Seite 150) dargelegten Grundsätze zur Richtschnur nimmt und von der Strafgewalt im Allgemeinen einen angemessenen und maßvollen Gebrauch macht, werden diese Grundsätze von einzelnen Berufsgenossenschaftsvorständen immer noch nicht gehörig berücksichtigt. Namentlich ist auch in letzter Zeit nicht immer beachtet worden, daß in der Regel Strafen nur dann zu verhängen sind, wenn die Zuwiderhandlung auf bösem Willen oder grober Nachlässigkeit beruht. Vielfach wird auch übersehen, daß schon nach dem Wortlaute der §§. 103 ff.

a. a. O. den Vorständen nur eine Strafbefugniß verliehen, nicht auch eine Strafpflicht auferlegt ist, daß der Zweck der Strafe, welcher hauptsächlich darin besteht, die Genossenschaftsmitglieder zur Erfüllung der ihnen gegenüber der Berufsgenossenschaft obliegenden Pflichten anzuhalten, oft auch anderweit, durch entsprechende Belehrungen 2c., sich erreichen läßt, und daß eine allzustrenge Handhabung der Strafbefugniß geeignet ist, die sozialpolitische Gesetzgebung in den Kreisen der Unternehmer unbeliebt zu machen. Wenn nun auch manche Berufsgenossenschaftsvorstände ohne Ausübung der Strafgewalt nicht immer die ihnen übertragenen Aufgaben werden durchführen können, so verdient doch die Thatsache Beachtung, daß eine größere Anzahl von Berufsgenossenschaftsvorständen bisher überhaupt noch keinen Gebrauch von der Strafbefugniß gemacht hat, und daß innerhalb einer und derselben Berufsgenossenschaft die Mitglieder einzelner ganzer Sektionen von Strafen völlig verschont geblieben sind.

Endlich werden auch häufig bei Festsetzung des Strafmaßes die in Ziffer 4 des Rundschreibens vom 8. Februar 1890 ausgesprochenen Grundsätze nicht gebührend befolgt, und die Strafen lediglich nach der Höhe des der Berufsgenossenschaft entgangenen Beitrages, ohne Rücksicht auf die sonstigen bei der Strafzumessung zu beachtenden Momente (Schwere der Schuld, Lebens- und Vermögensverhältnisse des zu Bestrafenden u. s. w.), bemessen. Je länger die berufsgenossenschaftliche Organisation bereits besteht, und die Berufsgenossenschaftsvorstände in der Lage sind, versicherungspflichtige Betriebe zum Kataster heranzuziehen, um so weniger ist der Versuch gerechtfertigt, vermeintlich verlorene Beiträge aus nicht katastrirten Betrieben im Wege der Straffestsetzung beizutreiben.

Das Reichs-Versicherungsamt nimmt hieraus Veranlassung, den Berufsgenossenschaftsvorständen die vorerwähnten Rundschreiben in Erinnerung zu bringen.

Das Reichs-Versicherungsamt.

Dr. Bödiker.

III.

Die bei dem Reichs-Versicherungsamt in Gebrauch gewesenen Formulare.[1]

1.

Das Reichs-Versicherungsamt.[2] Berlin, den ....[2])

I. ....[2])

Urschriftlich mit der Bitte um Rückgabe

an

den Vorstand der ....

in

unter Bezugnahme auf den Bescheid 145 (Amtliche Nachrichten des R.V.A. 1886 Seite 56) zur gefälligen Aeußerung und Beifügung einer Abschrift der Strafverfügung.

In Vertretung:

2.

Das R.V.A. übersendet Ihnen auf die Eingabe vom .... 190... umseitig/anbei Abschrift eines Berichts des Vorstandes der ....Sektion .... vom .... 190... zur gefälligen Kenntnißnahme mit dem Bemerken, daß die Beschwerde hiernach als erledigt angesehen wird, falls Sie nicht binnen 14 Tagen von Neuem hier vorstellig werden sollten.

J. V.

[1]) Ueber die Benutzung dieser Formulare zu vergl. oben §. 25. Sollten die Formulare für die Zukunft benutzt werden, so sind sie entsprechend umzugestalten. Hierzu bedarf es der Einsetzung der neu bestellten Behörden statt des R.V.A. und der entsprechenden Paragraphen der neuen Gesetze; ferner ist statt „Strafverfügung": „Straffestsetzung", statt „Ordnungsstrafe": „Geldstrafe" zu sagen.

[2]) Diese Kopfzeilen und ebenso die sich aus dem Inhalt von selbst ergebenden Adressen sind bei den folgenden Formularen der Raumersparniß wegen weggelassen worden.

3.

Auf den Bericht vom .... Nr. ......

Der Inhalt des gefälligen Berichts ist dem Beschwerdeführer .... am .... 19 ... zur Gegenäußerung binnen zwei Wochen mit dem Bemerken mitgetheilt worden, daß die Beschwerde als erledigt angesehen werden solle, falls die Gegenäußerung nicht erfolge.

Da eine Gegenerklärung nicht eingegangen ist, so wird die Angelegenheit als erledigt angesehen.

J. V.

4.

Auf den Bericht vom .... Nr. ......

Auf das von hier aus an den Beschwerdeführer .... gerichtete abschriftlich beifolgende Schreiben vom .... 19 ... ist eine Antwort nicht eingegangen.

J. V.

5.

Urschriftlich unter Rückerbittung

an

in

mit dem ergebenen Ersuchen, d ... Beschwerdeführer .... unter Vorhaltung aus dem Berichte des Genossenschaftsvorstandes vom .... 19 ... gefälligst befragen zu lassen, ob und eventuell aus welchen Gründen ...... auf ...... Beschwerde noch beharrt. Bejahendenfalls wolle ...., wenn nöthig, nach Vornahme weiterer Erhebungen, Sich gefälligst Selbst über die von d .... Beschwerdeführer ... gemachten Einwendungen ....

In Vertretung.

6.

Urschriftlich unter Rückerbittung

an

in

mit dem ergebenen Ersuchen, d ... Beschwerdeführer ... unter Vorhalt aus dem Berichte des Genossenschaftsvorstandes vom .... darüber befragen zu lassen, ob und aus welchen Gründen .... auf der Beschwerde noch beharrt. Bejahendenfalls wolle ...., wenn nöthig nach Vornahme weiterer Erhebungen, Sich Selbst über die von d ... Beschwerdeführer ... gemachten Einwendungen sowie über .... Vermögensverhältnisse gutachtlich äußern.

Sollte d ... Beschwerdeführer ... die Beschwerde zurücknehmen, so ist ih ... die Strafverfügung wieder auszuhändigen.

In Vertretung.

7.

Auf den Bericht vom .... Nr. ....

Nach einem Schreiben d .. .. vom .... 19 ... hat d ... Beschwerdeführer .... Beschwerde zurückgenommen.

* *

Das Reichs-Versicherungsamt läßt Ihnen, nachdem Sie die Beschwerde gegen den Vorstand der .... B.G. zurückgenommen haben, die Anlage ... anbei wieder zugehen.

J. V.

8.

Nach einem Bericht vom .... 19 ... hat der Vorstand der .... die — gegen Sie verhängte Ordnungsstrafe niedergeschlagen — Strafverfügung aufgehoben.

J. V.

9.

Der Vorstand der .... B.G. hat die gegen Sie verhängte Ordnungsstrafe von ℳ auf ℳ ermäßigt.

Das R.V.A. ersucht Sie, gefl. binnen zwei Wochen hierher mitzutheilen, ob Sie unter diesen Umständen Ihre Beschwerde zurücknehmen wollen.

Geht innerhalb der genannten Frist eine Erklärung hier nicht ein, so wird Ihre Beschwerde als zurückgenommen angesehen werden.

J. V.

10.

Auf den Bericht vom .... Nr. ....

Der Vorstand erhält unter Rückerbittung d .... anliegende.. Schriftstück... mit dem ergebenen Ersuchen, nachdem der Beschwerdeführer .... die Beschwerde zurückgenommen hat, über sein Gesuch um Erlaß — Herabsetzung — Stundung — der Strafe zu befinden.

* *

Nachdem Sie laut Mittheilung d .... Ihre Beschwerde gegen die von dem Vorstande der .... verhängte Ordnungsstrafe zurückgenommen haben, ist die Angelegenheit für das R.V.A. erledigt.

Ueber das Gesuch, Ihnen aus Billigkeitsrücksichten die Strafe zu erlassen — herabzusetzen — zu stunden — wird der Genossenschaftsvorstand befinden.

J. V.

11.

Das R.V.A. theilt Ihnen vorläufig mit, daß Ihre Vorstellung vom .... 190.. hier eingegangen ist. Die Entscheidung über Ihre Strafbeschwerde wird Ihnen seiner Zeit zugefertigt werden.

Dagegen ist für die Entscheidung über die Prämienbeschwerde das R.V.A. nicht zuständig. Vielmehr ist gegen die Heranziehung zur Prämienzahlung gemäß §. 26 Abs. 1 B.U.V.G. vom 11. Juli 1887 binnen zwei Wochen nach Ablauf der für die Auslegung des Heberollenauszuges festgesetzten Frist zunächst Einspruch bei dem Vorstande der B.G. zu erheben. Gegen dessen Bescheid steht Ihnen dann gemäß Abs. 3 a. a. O. binnen zwei Wochen nach Zustellung des Bescheides die Beschwerde an die untere Verwaltungsbehörde (das Königliche Landrathsamt in ....) und gegen deren Entscheidung binnen einer gleichen Frist der Rekurs an das R.V.A. offen.

J. V.

12.

A. B. i. Sitzung vom ..../.... 190..

Das R.V.A. hat auf Grund der §§. 106 Abs. 2 und 90 Abs. 1 lit. e des U.V.G. vom 6. Juli 1884 beschlossen,

die Strafverfügung des Vorstandes der .........B.G. — unter Ermäßigung der Strafe auf den Betrag von ......*M*. — zurückzuweisen. — aufzuheben. —

....

13.

A. B. i. Sitzung vom ..../.... 19...

Das R.V.A. hat auf Grund der §§. 106 Abs. 2 und 90 Abs. 1 lit. e des U.V.G. vom 6. Juli 1884 beschlossen,

die Beschwerde gegen die Strafverfügung des Vorstandes der ...........B.G. vom .... zurückzuweisen.

Wie Sie nicht in Abrede stellen, haben Sie die Arbeiter- und Lohnnachweisung Ihres Betriebes für das Jahr 1..... nicht innerhalb der ersten 6 Wochen des Jahres 1..... eingereicht.

Sie haben Sich hierdurch einer nach §. 104 des U.V.G. strafbaren Zuwiderhandlung gegen den §. 71 a. a. O. schuldig gemacht. Ihr Einwand, daß Ihnen ein Formular für die Nachweisung nicht rechtzeitig zugegangen sei, ist nicht durchgreifend, da die Genossenschaftsvorstände weder verpflichtet sind, den Genossenschaftsmitgliedern solche Formulare zuzusenden, noch überhaupt sie an die Einreichung der Nachweisung zu erinnern.

Ihr Einwand, daß Sie durch Ihre Krankheit an der Einreichung der Nachweisung verhindert gewesen seien, dient Ihnen nicht zur Entschuldigung, da es Ihnen in diesem Falle obgelegen hätte, dafür zu sorgen, daß Sie in der Erfüllung Ihrer berufsgenossenschaftlichen Pflichten durch eine andere Person vertreten werden.

Die vorgeschützte Unkenntniß der für die Einreichung der Nachweisung gegebenen Bestimmungen dient Ihnen nicht zur Entschuldigung, da es Ihre Pflicht gewesen wäre, sich mit den Gesetzen vertraut zu machen.

Der Erlaß der Strafverfügung ist daher gerechtfertigt. Auch die Höhe der Strafe ist — mit Rücksicht auf Ihre ....malige Vorbestrafung wegen der gleichen Ordnungswidrigkeit — richtig bemessen, insbesondere ist der zu Ihrer Entschuldigung geltend gemachte Umstand, daß Sie die Ordnungswidrigkeit nicht in böswilliger Absicht begangen haben, bei der Abmessung der Strafe gebührend berücksichtigt worden.

Die Anlage ... der Beschwerdeschrift erhalten Sie hierbei zurück.

* *

Auf den Bericht vom .... Nr. ......

(Unter Abschrift des Beschlusses.)

Abschrift zur gefälligen Kenntniß ......

J. V.

14.

A. V. i. Sitzung vom ..../.... 19....

Das R.V.A. hat auf Grund der §§. 126 Abs. 2 und 98 Abs. 1 lit. e des L.U.V.G. vom 5. Mai 1886 beschlossen,

die Beschwerde gegen die Strafverfügung des Vorstandes der .... V.G. vom .... zurückzuweisen.

Nach §. 55 des L.U.V.G. ist von jedem in einem versicherten Betriebe vorkommenden Unfall, durch welchen eine in demselben beschäftigte Person getödtet wird oder eine Körperverletzung erleidet, welche eine Arbeitsunfähigkeit von mehr als drei Tagen oder den Tod zur Folge hat, von dem Betriebsunternehmer binnen zwei Tagen,[1]) nachdem er von dem Unfall Kenntniß erlangt hat, bei der Ortspolizeibehörde schriftlich oder mündlich Anzeige zu erstatten.

Dieser Verpflichtung sind Sie hinsichtlich des Unfalls, welchen .... in Ihrem landwirthschaftlichen Betriebe erlitten ha.... nicht nachgekommen. Die Unfallanzeige ist vielmehr erst am .... von Ihnen erstattet worden. Hierdurch haben Sie Sich einer nach §. 124 Abs. 2 des L.U.V.G. strafbaren Zuwiderhandlung gegen den §. 55 a. a. O. schuldig gemacht.

....

* *

Auf den Bericht vom .... Nr. ......

(Unter Abschrift des Beschlusses.)

Abschrift zur gefälligen Kenntniß.

J. V.

---

1) Jetzt binnen drei Tagen (§. 70 Abs. 2 L.U.V.G.).

15.

A. B. i. Sitzung vom ..../.... 19....

Das R.V.A. hat auf Grund der §§. 106 Abs. 2 und 90 Abs. 1 lit. e U.V.G. vom 6. Juli 1884 beschlossen,

die Beschwerde gegen die Strafverfügung des Vorstandes der ............B.G. vom .... zurückzuweisen.

Alle nicht von einem Baugewerbetreibenden in seinem gewerbsmäßigen Baubetriebe ausgeführten Bauarbeiten sind gemäß §. 21 lit. a des B.U.V.G. vom 11. Juli 1887 auf Kosten des Unternehmers bei der V.A. der Baugewerks-B.G. ihres Bezirkes gegen Betriebsunfälle der dabei beschäftigten Arbeiter versichert, wenn zu diesen Bauarbeiten einzeln genommen mehr als sechs Arbeitstage verwendet worden sind. Als Unternehmer dieser sogenannten Regiebauarbeiten gilt gemäß §. 3 Ziffer 2 a. a. O. derjenige, für dessen Rechnung sie ausgeführt wurden. Nach §. 22 Abs. 1 a. a. O. und der Bekanntmachung des R.V.A's vom 12. Dezember 1887 haben solche Unternehmer längstens binnen drei Tagen nach Ablauf eines jeden Monats eine Nachweisung der in diesem Monat bei Ausführung der Bauarbeiten verwendeten Arbeitstage und der von den Versicherten dabei verdienten Löhne und Gehälter der Gemeindebehörde vorzulegen.

....

* *

Auf den Bericht vom .... Nr......

(Unter Abschrift des Beschlusses.)

Abschrift unter Rückgabe der Anlage zur gefälligen Kenntniß.

J. V.

Sachregister.

(Die Ziffern verweisen auf die Seitenzahlen.)

A.

B.

L.

M.

N.

O.

P.

R.

S.

T.

U.

V.

W.

Z.

Druck von Otto Walter in Berlin S.

Kolibri 360 GmbH
Ferdinand-Jühlke-Straße 7
99095 Erfurt, Deutschland
produktsicherheit@kolibri360.de